Ce livre appartient à:

____

Mots Mêlés Football

Ce livre étonnant contient 52 puzzles de football avec solutions, tout sur les plus fortes compétitions, les meilleurs clubs et joueurs des 10 dernières années.

Table des matières:

Instructions

① Il s'agit de trouver et rayez les mots en bas de la grille qui peuvent être Positionnés selon les 8 directions: horizontalement → ←, verticalement ↑ ↓ En diagonal, ↘ ↖ ↙ ↗

② Une même lettre peut être utilisée dans plusieurs mots à la fois.

③ Quelque mots que puissent être affichés avec des tirets, des espaces ou d'autres caractères spéciaux, ils sont supprimés dans la grille et n'y figurent pas.

Qu'est-ce que tu attends? Amuse-toi bien!

Football

<pre>
J O V B B X S K P D S E B M B
O V U P T T S R V Z R L A A Y
U T T G A E L B N W S T L Y V
E H Y D G Z T Z O C C L C Y Z
U Q E A Q P T V I H O Z P D A
R T M C V Y E E T N W A P R N
D L Z D O P W U I R C X A F U
M T N O I U Q L T M R I D O E
T B K U I U P U E C Y E K O J
C U Q G X K L E P B M C L T W
P E B P N T Q D M C J W L B V
R V I D D N E Z O S T Z L A Z
G T N T F E G S C B N Z Q L F
Q A K L P K S I C B S T M L Y
E F V W P S L D U I H T Q X D
</pre>

Match	Football	But
Equipe	Competition	Ballon
Stade	Joueur	Coupe

Compétitions

```
E  P  J  B  C  N  M  Z  S  J  X  D  H  A  B
I  U  W  C  O  U  P  E  D  U  M  O  N  D  E
U  N  G  W  U  R  M  C  N  X  I  K  I  N  U
I  T  S  A  P  W  G  V  K  M  R  A  W  G  D
Q  Y  H  L  E  N  D  Q  Z  P  F  N  G  H  A
Y  D  Y  O  D  L  E  R  B  Q  A  G  D  C  V
J  S  V  C  A  O  R  S  J  Y  T  D  I  G  B
J  P  E  E  F  N  G  E  L  J  V  R  U  E  Y
K  L  E  R  R  X  R  P  I  G  É  G  C  B  Z
Z  J  B  U  I  T  1  C  G  M  C  W  U  D  B
T  W  Z  K  Q  E  I  S  A  D  E  P  U  O  C
F  J  Z  H  U  U  A  A  K  N  R  R  W  R  S
G  V  Z  G  E  R  P  S  U  A  I  B  P  V  V
N  X  I  I  H  O  F  O  R  U  E  B  E  S  U
Z  L  C  V  C  W  W  K  H  A  G  I  L  S  O
```

Ligue 1	Copa América	Premier League
Liga	Coupe d'Afrique	Euro
Serie A	Coupe d'Asie	Coupe du Monde

Stades

```
O M R Z F F N N S O I Y E C D
O C S P K G C M S G F M E R T
W M I A O H Z E L X O L T L U
U O N P M A C T B R T Y B M O
V K E V M H K R D I Q R P D Q
D Y D H Z I T O C N S P S L P
Z P T Z Y Q L P A W U O X K C
J W N P D É A O O F Q K V I M
Q E I D V R O L O O H T I S S
B M A T K Q O I U I A W F J B
Q B S M U J M T V H D G P L Y
A L L I A N Z A R E N A E S W
H E H P K N Q N J P P T T S L
X Y B Q U W K O R I S N A S G
E D M P Z R J V W N P X K B Z
```

Stadio Olimpico   Wembley   Allianz Arena
Camp Nou   San Siro   Saint Denis
Vélodrome   Metropolitano   Celtic Park

Entraîneurs

```
M K R W T M X A W N C W I L R
E P K Q A F D Q Q M R P L J P
O N G V I Y F Y W A Q Y Z A K
N E J T J J Y Y U L S H V N B
U N S A L B G U U H H W Q C G
I A H B E I H U H R F J B E S
Z D C S Z H T G A D C K F L S
S I R A L E X F E R G U S O N
N Z K F B R S S K U D V A T X
G T M W E Q C H E D A I T T N
M A Q G O H N I R U O M O I A
N R N S A K L O P P B B H L M
D E T M U U E U E C F F K C A
W I P Z I W O S Y Y R K Y W M
R S M T W W C H X V F C G R K
```

Zidane   Wenger   Cruyff
Klopp   Mourinho   Deschamps
Ancelotti   Guardiola   Sir Alex Ferguson

"""

Compétitions

Coupe du monde 2018

```
R  W  P  J  J  N  X  A  R  M  W  I  H  I  U
I  K  W  P  O  Z  W  X  B  U  K  A  K  U  L
H  M  O  D  R  I  Ć  A  E  D  C  G  D  C  K
H  A  O  R  L  A  P  A  N  L  W  N  F  W  U
Q  M  Z  P  I  P  C  J  A  L  M  V  V  D  I
Q  L  P  A  É  M  W  V  K  J  P  Q  P  C  E
H  I  A  E  R  Q  K  T  E  A  D  B  R  N  P
Z  B  B  N  H  D  B  P  T  J  V  I  A  M  O
R  E  C  Z  L  X  T  R  R  U  S  R  S  C  G
G  R  I  E  Z  M  A  N  N  T  A  N  B  V  B
F  J  I  Y  M  S  W  Q  I  V  T  G  Q  Q  A
A  Z  E  Y  N  D  V  A  A  J  R  J  E  W  P
R  I  P  D  T  W  N  P  M  D  A  P  J  E  E
J  Y  P  N  F  O  G  K  V  E  Y  W  K  D  G
O  L  M  T  N  P  P  H  S  W  G  E  R  G  O
```

Modrić	Varane	Griezmann
Pogba	Mbappé	Cristiano
Lukaku	Hazard	Kane

Euro 2012

```
G R R Z A R D P C R F X V F B
T O H L F Q E R I S I I C U N
O L V A I P I B N R M B F D O
R R R W E S X O I E O F É U J
R I J I E B E V E R O Q L R K
E P Z I B S E G S N O B K B Y
S U Z P G E K O T Ö C P F Q N
L N O J F X A R A Q Z W C F B
O R E U E N V O S T K I B H O
M Q M Q V E M Y I B C C L A H
I S N Y D O N L G M L O T J I
H N R U P I R L O W O Z F G O
I H A O P X A F A L Z R S N J
S O M A R O I G R E S L I E Y
Z B D W T K L K K B V I P Ć M
```

Torres	Pepe	Ribéry
Pirlo	Buffon	Neuer
Özil	Sergio Ramos	Iniesta

Coupe du monde 2014

```
U L G Y R G B O V O A Q T Z C
H H M H A L W H S K N V W Q A
Y J C A C B V M M V E V L T K
T K G R S J P T V K Q S Z I Y
B E O O O I M S Z W R W U I S
H J U K R B R Q Q Y Z N S O C
D Z V O I J B V H S I H O D Q
Z Y W V F A R E O F W T R M W
W M E O Z R T O N F U Y N U N
A Ü D W P Z J V J L W E K K I
D L K C S M O K B M Z T D I V
L L D O M E E H J M R E U E N
X E O U T K M S P J V W T R H
M R J A M E S R S E V P K D G
K U O M U R S Y X I D D N D Y
```

Neymar	Oscar	Neuer
Silva	Müller	Robben
De Vrij	Kroos	James
Lahm	Messi	Rojo

Euro 2016

```
E G E Y J N G K H C U H M D X
M I M R G F Q P A U E T W Y G
I D E O Z N L E A D O H N I F
V Q U D S A J B R X O E K T F
E D B O A T E N G Y V V Q C L
W G P N R K K S X C S W N J P
E T L A N I R H R T X W P K E
S I Q I T A G M B Y R C C Z F
P C U T M R M Q A L Z E N D X
Q X E S T X Í Z L W C X Y R Y
U T E I X H V C E O B M Q A H
O Y D R H P A U I I I T K Z P
D T Y C T Q B W M O R A T A L
L F X D G M E H D A E G J H R
M W J K H K A U N X B H R X Z
```

Allen	Hazard	Xhaka
Giroud	Payet	Patrício
Ramsey	Cristiano	Boateng
Morata	Griezmann	Bale

Coupe d'Asie 2015

B A N V V G S R Q O Z Z L A B
V O I A P E X A J E O U H A N
Y T M B B B T E I O O M S H D
D C G D C D D R S N E R W N M
U O N P T A U X V D S W D G G
M T U B C U K L K R H B N C E
O U E R M W O H R E X I U B S
L S H Y B J A H Q A U A D R R
V T N A U L C I K I H J B I Y
Q X O N I A C N G B S M N C A
M A S L H K F A B L A M A W N
S N P I A I G V J L Q M A N X
V B L O G N O U L D P I E I I
O L W O N J W T O N S J H Z L
S N U T W T E T P U P X Z D I

Cahill	Luongo	Ismail
Mabkhout	Son Heung-min	Ryan
Ahmed Khalil	Sainsbury	Abdulrahman

Coupe d'Afrique 2017

```
W  G  F  G  Q  N  S  T  A  E  M  K  N  A  R
N  Z  J  N  B  N  B  R  K  L  C  V  Y  J  U
P  F  A  A  U  B  B  A  I  R  G  X  O  U  K
C  H  A  Y  Z  Y  B  O  A  W  L  B  S  Y  W
S  A  W  E  Y  A  R  R  J  S  Z  Z  Z  L  F
Z  N  S  M  N  O  U  É  S  Z  U  J  Y  V  Z
E  A  Z  A  U  O  L  T  T  H  N  W  S  D  Z
R  Y  N  B  L  X  P  G  R  Z  G  C  A  E  S
H  G  F  U  X  A  I  Q  V  G  M  U  L  X  B
A  T  O  A  H  Y  H  R  A  L  Z  G  A  X  V
M  K  F  J  J  U  G  Y  H  C  F  N  H  U  Z
N  Y  G  U  V  R  C  T  K  W  P  U  A  C  G
K  W  R  F  O  J  P  I  L  H  P  N  U  N  X
P  V  A  Y  G  Y  Z  E  R  H  A  M  N  A  M
I  S  K  W  A  K  G  M  S  W  O  W  W  N  M
```

Salah	Mahrez	Traoré
Ayew	Nkoulou	Aubameyang
Fajr	Gyan	Kabananga

Coupe d'Asie 2019

```
P T H Q D K U A G J J B E O A
X P Z B X N I U V T O Z B K R
J H D P U H P Y U A U X Y V J
F N M O S A K O F U M T K A O
I E M J N Y H O S S E H W E K
F Z W B J K K A E L J C E H K
A W Y F B Y Y L K B V W O W D
H L N A G I L L K M H U H C B
B B M R M U W D Y H K L K X F
V O D O R U O M O H C E S V R
C Q T K E A J N I M M I K B U
G Z S F N Z D W M U N Q N L J F
U V V E D K A M I L L I G A N
U N Z Z G G W L F W M A N E H
L R L O Z L J O I A P G Z T T
```

Doan
Almoez Ali
Wu lei
Khoukhi

Osako
Afif
Kim Min-jae
Azmoun

Tomiyasu
Milligan
Chomourodov
Mabkhout

Coupe d'Afrique 2019

```
K  M  H  M  G  N  M  F  I  K  U  H  S  T  P
W  O  B  O  U  S  S  O  U  F  A  V  M  Q  L
E  L  U  L  E  M  B  A  G  L  F  E  I  E  W
D  A  I  L  D  I  E  O  A  C  R  V  Z  D  T
X  H  Z  W  I  T  N  S  S  I  N  N  A  K  Y
É  G  W  N  O  B  N  I  A  I  E  M  B  C  B
L  I  É  K  U  M  A  H  R  E  Z  K  S  W  T
R  S  S  N  R  M  C  L  C  K  H  P  A  L  V
D  K  D  S  A  S  E  O  Y  B  J  D  L  D  Q
G  C  A  S  E  M  R  B  R  H  B  I  A  B  D
V  S  S  C  D  K  Y  M  H  X  J  O  H  D  Y
B  A  Y  R  M  M  U  W  U  E  A  J  A  N  D
G  X  Z  W  O  O  T  X  V  X  K  C  C  X  F
M  T  R  X  S  L  Q  M  A  H  R  E  Z  Y  B
I  F  H  T  P  S  F  C  J  E  O  Z  C  D  J
```

Bennacer	Mané	Koulibaly
Meriah	Ighalo	Guedioura
Mahrez	Boussoufa	Mbolhi
Gassama	Salah	Kessié

Copa America 2015

```
P  S  X  U  V  W  D  D  X  B  O  U  G  J  M
I  M  H  O  J  Q  K  O  I  L  R  L  S  D  E
H  S  V  A  R  G  A  S  L  W  Z  A  E  D  D
R  S  S  M  W  E  G  I  V  A  T  A  V  T  E
L  H  R  E  P  F  R  I  D  H  J  I  L  O  L
F  N  D  B  M  U  L  R  N  J  N  V  A  Q  C
I  D  N  E  M  A  T  O  E  E  W  I  L  F  G
K  S  X  A  L  Y  A  V  E  U  C  D  Y  E  R
V  S  U  E  L  Z  S  I  F  T  G  L  Z  G  Q
B  K  J  I  A  C  N  R  S  J  O  A  C  E  W
P  W  L  I  P  E  Y  A  Y  C  O  V  H  W  H
L  P  D  L  F  T  O  W  H  U  V  H  T  M  V
I  O  K  D  P  U  B  K  L  Z  F  A  B  T  K
N  H  K  Q  N  N  V  I  D  A  L  D  H  W  X
J  J  P  A  I  T  W  V  C  F  K  Y  Z  Y  E
```

Diaz	Valdivia	Medel
Vargas	Otamendi	Bravo
Messi	Vidal	Murillo
Alves	Cueva	Guerrero

Coupe des confédérations 2013

A G I Q D A A C A W P K R S M
T O R R E S T N A A E A N U I
O D T T R G G I U V M H R Á S
E V V R F H C L E Y A H R R S
K W F P Y Q I U E I V N J E O
J I D H H N B N T I N E I Z R
H D M K H T O F L O Q I Y J E
L C P O T O Z L H Y L V G M D
L E O R Y S A I T U Y R I R I
V M F B P M J I D J L A I K T
Z U H O J I D A M A U D O P J
O A D N O H B G A E Y R L S Y
Z X I J M N M C R U M Z R L X
X U P E I N I E S T A B P W P
D W P A M M I O W L E Y B G A

Iniesta	Pirlo	Neymar
Paulinho	Villa	Oduamadi
Honda	Fred	Cavani
De Rossi	Torres	Suàrez

Copa America 2019

```
W  P  B  B  P  E  Z  P  D  P  Q  H  O  L  S
Y  D  A  L  B  E  R  U  H  T  R  A  R  E  E
O  Z  G  R  N  E  V  E  R  T  O  N  E  T  V
E  X  I  É  E  J  B  S  U  G  Y  U  R  W  L
M  C  M  N  Z  D  A  B  O  R  R  X  A  R  X  A
M  I  D  J  A  L  E  M  T  C  U  M  E  H  P
G  L  Q  L  B  V  R  S  E  C  W  X  U  I  I
I  K  K  Q  E  C  A  N  O  S  J  D  G  R  M
G  E  O  G  C  D  G  C  L  M  S  T  M  A  L
Y  F  H  R  K  D  Y  A  H  K  E  N  O  T  C
F  N  E  C  E  Q  V  I  D  A  L  D  R  T  M
R  I  K  V  R  L  S  Z  A  H  S  A  Z  Y  G
K  J  X  D  I  L  K  X  K  I  U  C  N  I  G
G  D  I  S  T  G  V  M  W  C  F  U  A  F  E
G  S  Z  P  E  U  Q  B  O  W  T  B  S  Y  N
```

Arthur	Becker	Silva
Cavani	Paredes	Giménez
Everton	Vidal	James
Alves	Trauco	Guerrero

Coupe des confédérations 2017

```
E  F  J  V  O  E  L  Y  N  T  R  Q  Z  V  I
T  F  S  R  U  D  F  O  X  U  A  S  U  N  D
N  O  N  A  R  T  E  I  R  C  K  Q  A  W  O
D  E  V  W  N  U  G  A  E  S  A  N  S  M  Q
A  T  G  A  R  C  K  Q  P  S  B  K  Q  X  I
V  S  X  E  R  Z  H  W  W  T  U  U  G  L  L
T  V  J  V  T  B  T  E  O  I  O  H  X  O  D
F  M  Y  E  Z  S  W  Y  Z  N  B  M  Z  W  O
H  U  R  U  R  T  R  W  P  D  A  A  L  C  O
B  O  L  N  D  P  G  E  J  L  N  C  G  S  W
G  V  L  I  K  G  V  K  T  O  V  G  J  Q  V
L  A  D  I  V  I  E  G  E  D  E  A  P  T  B
P  T  M  I  R  H  C  R  I  S  T  I  A  N  O
D  R  A  X  L  E  R  Z  N  A  N  I  N  C  K
X  E  E  G  O  T  X  T  E  A  C  M  K  H  W
```

Aboubakar	Vidal	Ter Stegen
Cristiano	Lozano	Draxler
Bravo	Stindl	Nani
Goretzka	Wood	Sanchez

Ligue 1

```
E  Q  L  Z  J  I  Q  T  F  S  Y  O  V  S  M
O  L  I  Z  E  N  L  R  F  M  R  B  I  G  O
Q  X  L  P  D  A  N  O  C  C  U  L  P  S  N
L  O  B  I  I  U  F  O  E  W  G  V  X  S  A
L  X  T  K  E  C  P  S  F  U  W  T  I  I  C
C  Q  W  D  G  S  U  O  L  Z  I  R  P  R  O
F  S  C  M  R  O  R  Y  E  C  I  N  E  A  J
W  L  X  Q  L  E  O  A  C  B  N  S  L  P  H
Y  I  D  U  V  N  N  Y  M  S  U  P  M  T  D
T  A  O  K  I  O  N  N  Q  F  W  E  Z  B  P
C  T  D  J  R  I  F  C  E  Z  A  K  X  U  H
B  O  R  D  E  A  U  X  A  S  B  F  J  U  Z
F  J  B  T  O  V  R  E  N  N  E  S  M  H  U
M  Z  K  E  P  J  L  U  V  M  T  E  D  R  B
Q  P  R  E  I  L  L  E  P  T  N  O  M  S  Y
```

Paris-SG	Rennes	Bordeaux
Toulouse	Marseille	Monaco
Nice	Montpellier	Lyon

Ligue 2

```
Y  O  N  U  O  L  E  J  M  F  I  P  X  T  K
C  R  A  M  C  E  B  Y  F  A  L  O  B  J  T
N  Q  B  B  X  H  A  C  A  J  A  C  C  I  O
A  S  N  X  B  A  Q  Y  C  U  A  E  E  D  C
N  W  P  P  W  V  G  S  X  R  M  D  D  M  C
I  M  X  Q  N  R  V  E  Q  Q  I  E  J  M  X
J  J  Y  I  D  E  R  X  U  A  H  C  O  S  H
T  L  P  L  A  R  Q  W  C  D  N  R  K  H  Z
S  R  O  M  E  B  X  C  A  E  N  N  L  X  L
Z  N  A  R  S  L  H  J  J  Z  A  E  E  I  Y
V  Z  A  N  I  R  Y  C  S  Z  Q  H  P  M  A
V  D  E  M  J  E  Y  L  O  Y  G  X  G  R  V
V  L  R  Z  E  F  N  Z  N  U  E  J  V  P  S
H  U  T  F  U  L  L  T  B  C  E  R  J  E  B
V  T  Y  L  Z  Q  N  B  Y  K  K  C  H  F  T
```

Sochaux	Le Mans	Le Havre
Nancy	Lens	Ac Ajaccio
Lorient	Auxerre	Caen

Liga

```
O  P  V  U  F  L  A  V  F  H  G  E  A  V  C
M  A  P  I  O  E  M  X  W  V  N  Y  A  R  K
P  R  B  Q  L  J  T  J  B  O  S  L  E  E  Y
P  D  O  L  Z  L  X  W  L  S  E  D  S  D  D
S  V  Y  J  I  G  A  E  X  N  U  Q  É  C  A
R  W  O  E  U  B  C  R  C  L  E  K  V  H  D
V  X  F  H  W  R  C  E  R  Y  T  Y  I  L  E
X  B  Q  Q  A  O  C  I  Q  E  N  L  L  Y  I
D  C  R  B  S  F  N  E  T  D  A  R  L  D  C
E  V  C  Q  J  N  W  L  I  E  J  L  E  D  O
L  F  A  M  P  Y  J  O  O  Y  L  W  F  N  S
R  E  A  L  M  A  D  R  I  D  J  H  C  N  L
K  L  I  O  G  I  V  A  T  L  E  C  T  V  A
D  G  T  X  Y  E  N  J  Q  Z  M  O  C  A  E
D  I  R  D  A  M  O  C  I  T  É  L  T  A  R
```

Real Madrid	FC Barcelone	Atlético Madrid
Valence CF	Celta Vigo	Séville FC
Villarreal	Real Sociedad	Athletic Bilbao

Seria A

```
K  I  O  K  W  E  A  J  Y  N  A  Z  C  T  H
F  F  N  I  R  U  T  S  U  T  N  E  V  U  J
F  W  Z  M  T  H  A  Q  A  Z  I  M  P  N  L
N  E  J  O  B  A  L  Y  Y  W  T  P  F  R  D
J  A  M  M  S  N  A  A  E  A  N  N  M  B  A
G  D  L  R  A  S  N  R  Z  G  E  P  F  U  C
E  D  O  I  A  Z  T  M  F  I  R  D  X  J  M
D  M  W  L  M  P  A  V  R  T  O  Q  A  F  I
E  D  S  D  W  R  B  G  K  D  I  R  T  I  L
I  J  L  C  K  W  E  W  P  D  F  M  O  C  A
Y  I  P  V  P  U  R  T  X  A  Y  X  N  M  N
R  V  J  E  U  N  G  N  N  A  R  D  Q  G  E
S  E  L  P  A  N  A  J  S  I  P  M  N  I  T
F  B  R  D  X  N  M  O  T  N  T  F  E  Z  L
Y  X  T  H  F  Q  E  B  G  W  K  Z  A  J  Z
```

AS Rome   Lazio Rome   Juventus Turin
Naples   Inter Milan   Atlanta Bergame
AC Milan   Parme   Fiorentina

Premier League

T	W	A	O	O	V	C	O	A	A	K	Y	Z	D	I
T	K	T	G	L	H	W	N	L	Q	R	T	V	F	T
N	N	C	G	E	E	Z	L	O	N	D	I	J	G	O
D	H	B	L	D	Z	I	S	J	T	T	C	R	D	T
Q	K	S	L	X	V	L	C	S	K	R	R	G	U	T
B	E	T	R	N	N	A	L	E	X	D	E	P	V	E
A	T	Q	O	A	C	O	T	K	S	C	T	V	M	N
L	E	T	M	L	N	D	Y	B	T	T	S	N	E	H
Y	S	L	I	V	E	R	P	O	O	L	E	Y	M	A
A	V	J	I	E	B	F	Q	D	W	X	H	R	A	M
F	L	Y	X	Z	I	G	L	B	Z	Q	C	K	H	C
L	A	N	E	S	R	A	N	M	A	J	N	V	T	O
B	M	X	K	J	D	K	R	I	G	K	A	W	S	T
I	G	F	E	Y	C	Z	C	O	F	X	M	S	E	T
V	W	T	I	E	T	Q	D	Q	X	W	S	K	W	I

West Ham   Arsenal   Manchester City

Everton   Liverpool   Leicester

Tottenham   Aston Villa   Chelsea

Bundesliga

```
W  D  J  B  Z  U  N  K  I  M  R  W  W  M  U
O  S  K  L  U  Q  E  B  Q  F  E  G  R  I  A
L  Q  P  K  K  U  S  K  J  R  I  N  U  E  H
F  W  C  O  M  R  U  K  D  Z  S  V  G  H  E
S  C  M  C  C  U  K  E  P  Z  I  M  C  N  R
B  U  Y  Z  F  P  R  I  K  N  Z  I  X  E  T
U  P  V  X  H  B  E  M  C  L  N  G  X  F  H
R  V  T  L  R  L  V  Y  A  U  A  I  O  F  A
G  M  C  Ê  B  P  E  Q  M  R  J  H  I  O  B
C  R  M  R  Q  W  L  N  K  G  P  F  C  H  E
C  E  D  D  H  G  R  U  O  B  I  R  F  S  R
A  H  L  M  O  E  E  O  X  I  Q  S  N  P  L
N  H  N  O  Y  X  Y  H  B  N  R  Q  K  K  I
H  E  G  A  C  X  A  P  G  J  O  F  V  R  N
Q  E  B  K  S  O  B  S  N  O  P  Z  P  X  J
```

Schalke	Hoffenheim	Bayern Munich
Wolfsburg	Fribourg	Hertha Berlin
RB Leipzig	Werder Brême	Bayer Leverkusen

Liga Nos

```
S G L A Q G N H M V Y X C T Q
J P G G W G Y A C L J L U R Z
Z B O A V I S T A K D P I B N
S J A R S L I K M L X F M H J
H D D B T V A K B R E K G O J
M A R I T I M O F P Q D C M R
V I P A Z C N M F F P L N M H
W I R B R E V G W X G F Y O P
K Y Y B E N F I C A c Y X N T
W G A R O T D Q U P B E L B P
V X S X H E V A O I R N A V I
E D J H R M U R T P I C X G G
T P F O S L T S F N E P N R H
J Y Q B K O Y M M T I E U T W
F B F X A C U L E Q J K M Q D
```

Benfica	FC Porto	Boavista
Rio Ave	Tondela	Sporting CP
Maritimo	Braga	Gil vicente

Eredivisie

```
L K T U K X I I U Y Y O A C G
N S H J H F V J W W A J G X R
G F C Z S C T H Z G A B N H P
V F E Q C T N R F X F G F S F
C J R Y H W W Y A N K A V X E
H A T Y E E N M C G E E V G Y
E Z U K E N S A E B I S P F E
W A C W R T O D W N C T O Q N
I L F F E E W O D W F Q O G O
L K O R N K Y H R K Z F R A O
L M D H V W O D X D T S O G R
E A P W E V K N S W Z P B P D
M A D R E T T O R A T R A P S
I R E N N Q X E J F D Y Y C V
I E S V Y H K W O G E S X U A
```

AZ Alkmaar   FC Utrecht   Ajax Amsterdam

Willem II   PSV Eindhoven   SC Heerenveen

FC Twente   Sparta Rotterdam   Feyenoord

Meilleurs Joueurs

Meilleurs Joueurs 2016

O H Z U Z Q G M I G M Y V Y V
J O B A P E S R N G T X N Q P
R A M Y E N R A I V A R D Y E
C J Z G U C Y H P E O H O D P
K D B B S E D M A K Z B C E E
C T Q W M M S V T M L M A I M
Z Y I A F S E M R I W M A L L
C P B I I S N K I L F P N N E
Z U W Z Q I F N C J P S O A N
A C Q W S E Z B I T U M F K E
C R I S T I A N O Á L G F W T
Z D E Z J Q D H R Q L X U N S
E M D A V D M E N F V K B Z D
G R X N W Q Z S J S C M T Q J
X Z W M M V X S X K Q I Y X N

Cristiano   Neymar   Pepe

Messi   Bale   Buffon

Griezmann   Mahrez   Aubameyang

Suárez   Vardy   Patricio

Meilleurs joueurs 2017

```
I  M  M  A  P  G  A  O  O  V  O  C  C  D  L
B  R  F  G  P  O  T  G  K  Y  X  T  Q  Q  E
U  F  A  J  J  P  N  T  Ü  T  R  O  J  N  W
N  C  E  G  N  G  N  A  Y  E  M  A  B  U  A
M  R  Y  M  W  O  N  V  I  Y  R  D  X  S  N
G  I  X  O  M  W  Z  Y  J  T  P  O  D  L  D
F  S  B  D  H  I  R  E  F  I  S  S  E  M  O
Z  T  W  R  F  R  S  L  F  W  Z  I  B  I  W
O  I  V  I  B  Y  C  K  U  M  T  G  R  G  S
M  A  F  Ć  A  W  V  B  X  P  Z  A  U  M  K
T  N  E  Q  B  B  A  L  R  G  M  Q  Y  A  I
C  O  S  L  I  Y  B  X  W  Y  W  B  N  Z  R
X  I  C  R  L  G  A  Z  E  L  N  T  E  V  D
D  N  B  C  T  R  Q  N  H  S  É  N  J  O  O
V  M  V  R  G  H  J  E  P  C  P  V  U  G  M
```

Messi	Cristiano	Agüero
Modrić	Kanté	Aubameyang
Neymar	De Bruyne	Lewandowski

Meilleurs joueurs 2018

```
Z  C  Y  V  A  F  W  H  C  W  I  D  W  S  V
C  R  I  S  T  I  A  N  O  K  G  E  M  O  J
J  G  J  P  N  R  J  B  S  E  T  B  I  M  Y
K  Y  R  I  H  Q  O  W  B  Z  A  R  G  A  W
R  D  O  I  K  F  O  R  R  P  V  U  S  R  Z
R  J  R  O  E  D  H  L  P  H  L  Y  V  O  J
E  H  E  A  N  Z  T  É  U  F  Ć  N  L  I  O
O  O  P  A  Z  K  M  X  R  C  I  E  Q  G  B
I  Y  W  X  D  A  R  A  U  Q  R  W  J  R  H
Q  E  F  N  B  A  H  O  N  V  D  X  W  E  A
L  B  A  D  S  H  L  G  O  N  O  O  L  S  L
Z  I  I  M  A  S  R  W  L  S  M  V  B  C  A
W  D  F  L  O  H  L  D  P  X  V  L  M  D  S
E  N  A  R  A  V  K  K  F  Y  K  F  Q  Q  S
G  S  Y  Q  F  M  E  S  S  I  X  W  J  P  C
```

Griezmann	Modrić	De Bruyne
Varane	Mbappé	Lewandowski
Messi	Kroos	Salah
Sergio Ramos	Cristiano	Hazard

Meilleurs Joueurs 2019

```
U  I  S  S  S  T  A  W  O  J  C  K  G  V  K  W
Z  S  I  T  E  F  N  B  W  J  R  X  S  C  T
G  N  O  J  E  D  Z  T  N  H  H  G  T  Q  I
I  D  O  M  F  V  O  J  B  M  T  X  I  I  S
T  Q  A  S  A  C  X  O  M  B  Y  C  S  H  E
V  H  H  F  S  R  V  C  Q  A  Z  K  Z  M  F
K  E  D  G  F  I  W  G  H  P  Z  I  T  A  V
M  O  I  K  E  S  L  V  H  P  O  E  E  R  J
O  U  S  G  E  T  M  A  N  É  G  U  H  C  R
X  G  S  R  W  I  Z  N  Y  T  H  K  M  E  B
O  L  E  C  R  A  M  D  G  T  P  M  W  L  N
Z  D  M  R  R  N  A  I  F  H  R  O  A  O  X
H  C  E  D  A  O  L  J  I  Z  V  N  Q  Y  Q
I  S  L  A  T  E  X  K  R  M  O  D  R  I  Ć
Z  E  W  P  D  A  F  R  R  J  M  B  F  Z  H
```

Messi	De Ligt	Ramos
Van Dijk	Hazard	Marcelo
Cristiano	Mané	Modrić
De Jong	Alisson	Mbappé

Meilleurs Buteurs

Buteurs Premier League 2018/2019

```
J E M C W W V S A K N E O R J
V U N U V A H A V X J C R I B
M G J A R K P L Q P T A E C Q
P X N D K R U A B E U Y Ü H N
N Y Y I J A A H S B J H G A D
Z C V P L W Y Y A Z I I A R Q
V D Y C Z R J M É N A M I L W
C D C E T T E Z A C A L D I U
V N R D X Y G T R N Q R O S M
O O A U A O C G S W A I Z O E
R P M N Y K G E E Z H F P N A
O I G S W V L Z A F J D G T D
D N M R L A Q H I N W E W R J
C K A N E G J C Z Q N C W R R
G W W I L S O N L C A S T X I
```

Aubameyang	Vardy	Wilson
Mané	Kane	Lacazette
Salah	Sterling	Murray
Agüero	Hazard	Richarlison

Buteurs Ligue 1 2018/2019

P S A H D Y O K A F T H T D X
T E I Y D R A U H T X Q I D C
E H L A A E C A A A F B J H Q
F X A M A Q L B Y R Z P Z D I
F D Y U Z W A A K H É R I B B
A E C F V F F M Y P L M I A M
N M E U F I N B É M A A C F M
T B A I S O N A I R R G Q I A
F É D E L O R T I É P P A B M
V L I T E X P A E C X M Y O O
V É G N U R N L O L G Q L R T
K J A L A S J R C H D G X F J
Q R O M B V P Q D R G J D J C
H K X W I N A V A C P P J C O
L E D I N Y C C A W Q U T N K

Mbappé   Neymar   Khazri
Pépé   Dembélé   Bamba
Cavani   Falcao   Sala
Thauvin   Delort   Di Maria

43

Buteurs Liga 2018/2019

```
N D H N M T S B E W Q R X X G
A S Y X Z U Z U E V D E C X G
Z P P S Á D P J N N H D V Q L
Y I S R M J C N U N Z D T R D
K E E F K H A X C L I E F H W
V Z H L G M J Z S Q S Y M X N
Z S L R Z I N A U T S N C A I
J M W E F S T N I J E E H U Y
R O I S A T O M Á S M B A D S
A R A P I G L E S I A S R Y S
G N S H P K D V V S Q N L L W
D A I J E F R A M O M Z E E Y
O H A L Q F I Y W A X A S Q A
Y C J Z O V M L J B X A T I L
A A N K S M O H F A I C X A F
```

Messi	Stuani	Charles
Benzema	Ben Yedder	Mata
Suáres	Iglesias	Molina
Aspas	Griezmann	Tomás

Buteurs Serie a 2018/2019

P F H Q O T J I C P H O A T S
E N G C A J A A P K N I W N P
T H V R Z A P A T A E P E H Z
A B K A L U V I I N S T L H V
G L I T T O I T S N R W A J D
N F L O L C S T Q P H U L I S
A D M E L I B O M M I V F X P
R C T G R N M L O K X I H B R
W T H C O A T E A X V A M C Q
I N J Q P E I B C K W X E S S
N E C I C I L L E X L K R J H
Q I J T X S T Z G D I J T T W
Y F Q S Z Q H Q C A V A E P Q
Y F M I L I K E S D U F N W O
J B S O B F Q B E G Q Q S T O

Quagliarella   Milik   Caputo
Zapata   Mertens   Immobile
Piatek   Pavoletti   Belotti
Cristiano   Petagna   Llicic

45

Buteurs Bundesliga 2018/2019

```
R  S  W  M  O  G  E  D  C  H  F  L  T  G  C
N  T  S  T  F  R  J  H  A  L  L  E  R  I  B
S  K  U  F  C  M  X  V  W  P  F  W  R  P  P
H  R  E  T  I  R  E  C  Á  C  L  A  B  D  C
E  A  W  C  K  R  E  U  S  M  M  N  N  I  P
Y  M  E  O  T  H  P  N  P  A  I  D  V  O  H
W  A  Y  Z  L  P  O  I  R  T  W  O  X  T  N
T  R  W  U  D  M  U  O  J  E  J  W  T  E  Q
G  I  H  F  Z  F  L  D  S  T  W  S  P  D  E
Q  C  B  O  B  F  S  V  Z  A  R  K  C  T  N
C  F  B  D  B  B  E  L  F  O  D  I  L  B  O
N  L  P  D  K  B  N  E  H  G  W  T  F  G  Z
K  U  H  Q  G  W  E  G  U  R  L  O  T  R  Z
L  W  H  J  U  L  E  S  T  R  V  Z  A  E  V
R  A  C  J  E  W  O  R  I  U  K  F  T  O  K
```

Lewandowski	Kramaric	Werner
Alcácer	Havertz	Haller
Jovic	Weghorst	Poulsen
Reus	Belfodil	Mateta

Clubs

PSG

```
P A R E D E S M R E B I X M M
O Y I C H M M V E T E T C X A
D W C R I X E R L U R S J K R
G T Z H A R T O X C N U X F Q
D U Z É R M C U A P A I A G U
C O E A P A I S R V T Y E Y I
L A T Y V P A D D A V R B R N
X T J A E V A B I D R A C I H
I D N V A R G B G P H M Z V O
T I F N H U A O M C S Y O G S
A H C B S R S I L V A E C I X
C S K Z A W H C B P N N E L U
G L R S K W Q F N J X O J J G
J M N B D V I P B U L K K M J
V Y X E A W A Z R U K J O V Q
```

Cavani	Navas	Mbappé	Draxler
Sarabia	Neymar	Silva	Kurzawa
Verratti	Bernat	Idardi	Meunier
Paredes	Marquinhos	Di Maria	Gueye

Monaco

```
Z I P M P O C L J B S Q E J H
I A J G L K P O A A O M L S B
M L G J X O H D N F P Z A N G
U W R R M Y I Z T P E G Y U A
N R K C É A R E D D E Y N E B
M O F X S K D T S R J S M H A
P V S H U A B L B S O I Z H E
A X I R B B I A N H V L K U T
S L I A E M F I Z R E V I Y M
E U L J A M T V V R T A U X O
Y D B N S R E N A P I R A M C
É U I A A X Z J O V C L W N E
Z Y W M S K H E N R I C H S L
D O B D H I F O F A N A D J G
C O V A S E C X G W P J A E R
```

Baldé Ben Yedder Lecomte Jovetic

Fofana Badiashile Maripan Martins

Subasic Zagré Jemerson Bakayoko

Slimani Henrichs Fabregas Silva

Olympique de Marseille

```
K R Y K A T K V G P A Y E T L
M A B J I Y F E Y O A Y B W O
X C S Z W C R U T A B Q E B P
P A R H N M Q T N S R K T X E
C T T R A E E N I V U A H T Z
I E S I D D S P H G G Z M A W
T L N E E O E Z I E V V R K Z
R A R N R S Z M A N D A N D A
E C E C O É G J B S M F Q S R
S B X P N A L X I A R R A S Z
B D O I G E M E K C R K S W T
J K S Q I S B A P J A V V L C
Z Q R T E G I K V I H Q K N F
K V J M R E R O Z I C E I B T
R A D O N J I C N S A N S O N
```

Payet	Rongier	Germain	Thauvin
Kamara	Sertic	Mandanda	Radonjic
Caleta Car	Pelé	Sanson	Benedetto
Sakai	Lopez	Amavi	Sarr

Real Madrid

```
S  B  T  V  M  H  C  Z  V  V  L  I  O  C  A
O  O  D  Z  A  J  I  C  I  F  N  K  L  M  B
E  X  M  Z  H  R  O  S  S  Y  D  N  E  M  A
Y  K  A  A  Z  U  A  E  Z  O  O  Z  C  J  L
W  R  D  O  R  O  M  N  R  R  N  L  R  B  E
D  G  M  T  N  A  R  Q  E  E  H  I  A  L  T
O  S  O  U  J  J  W  I  B  Q  Q  F  M  N  O
S  I  W  F  M  A  C  M  M  J  O  V  I  C  I
S  L  A  J  A  V  R  A  C  E  S  D  W  S  T
F  U  R  O  D  R  Y  G  O  M  S  T  T  O  K
D  K  Z  G  Y  A  F  T  G  O  F  A  U  O  V
X  U  P  U  V  R  H  X  C  D  B  O  C  R  E
Q  Y  U  I  S  C  O  K  N  R  E  B  B  K  L
V  V  P  Q  G  A  X  D  S  I  C  W  D  F  E
X  E  T  T  V  R  R  C  X  Ć  R  K  D  E  V
```

Benzema	Courtois	Hazard	Casemiro
Isco	Carvajal	Mendy	Modric
Ramos	Kroos	Jovic	Varane
Rodrygo	James	Marcelo	Bale

FC Barcelone

```
F  S  N  S  L  Y  É  M  E  S  S  I  U  Y  Q
A  O  T  A  E  L  P  W  E  G  U  V  W  U  M
T  X  Z  E  É  M  M  S  W  U  Z  U  T  Y  R
I  I  Y  B  U  D  E  H  R  O  B  E  R  T  O
X  Q  M  K  E  Q  Y  D  D  R  R  S  P  C  É
K  E  R  J  K  E  S  M  O  S  D  G  V  I  U
D  O  O  U  J  R  J  U  T  P  I  O  Q  T  Q
H  N  U  A  H  M  E  E  B  B  Y  M  D  I  I
G  L  M  A  C  T  G  Z  E  R  A  U  S  K  P
B  L  T  V  L  E  R  J  G  D  C  V  G  A  B
U  T  I  Z  N  B  S  A  J  K  D  M  X  R  K
F  X  T  W  J  G  A  I  C  K  I  X  G  I  M
R  J  I  Y  C  X  R  I  F  V  I  D  A  L  H
I  A  L  Y  P  W  K  V  U  D  N  G  S  W  U
Z  A  W  K  S  J  N  N  A  M  Z  E  I  R  G
```

Arthur	Roberto	Busquets	Vidal
Alba	Dembélé	De Jong	Ter Stegen
Messi	Umtiti	Suarez	Griezmann
Piqué	Semedo	Rakitic	Fati

Atlético de Madrid

```
C  B  Z  H  A  X  Y  T  C  I  V  A  S  A  C
S  A  K  U  I  R  R  N  L  L  J  E  W  T  K
O  A  R  L  T  I  E  N  L  L  C  H  V  S  B
L  R  É  R  P  C  Z  R  O  R  E  T  N  O  M
A  F  A  P  A  A  E  P  R  R  Y  Z  Y  N  C  K
N  Y  I  M  F  S  H  O  E  E  Z  M  B  P  G
O  E  W  U  E  L  C  C  N  K  H  W  Z  C  R
R  S  M  U  Z  L  N  O  T  H  F  O  P  V  I
X  L  W  O  X  E  A  S  E  D  B  C  T  S  E
A  W  O  K  R  C  S  L  O  L  F  I  Z  P  H
K  O  K  E  H  E  N  H  A  C  B  V  I  X  C
M  O  R  A  T  A  N  K  U  R  M  L  C  Q  Z
L  X  S  N  O  T  V  O  L  G  E  G  V  K  W
E  U  L  E  M  A  R  M  Y  F  G  F  C  M  U
K  I  Q  B  P  S  P  A  I  X  F  U  P  U  R
```

Koke	Montero	Carrasco	Morata
Félix	Oblak	Lemar	Felipe
Savic	Moreno	Sanchez	Llorente
Solano	Herrera	Trippier	Costa

Juventus Turin

```
D  E  S  C  I  G  L  I  O  N  R  Z  K  T  D
K  E  X  Y  T  L  G  T  I  F  S  V  J  A  E
S  O  B  L  E  P  F  A  Z  I  Z  G  I  N  L
T  C  V  U  B  E  U  Z  N  Y  C  R  T  H  I
C  C  L  G  F  G  O  I  E  W  Z  I  S  W  G
E  R  F  S  I  F  L  P  E  R  E  I  R  A  T
Y  A  I  H  C  E  O  C  B  A  S  D  Q  M  I
A  E  R  S  E  X  U  N  G  D  N  V  T  J  D
L  G  S  I  T  A  J  V  G  E  Y  U  D  P  I
A  J  Z  M  D  I  C  C  U  N  O  B  J  Y  U
B  C  K  R  A  E  A  Y  I  D  B  A  X  E  T
Y  C  A  Q  W  R  H  N  J  D  N  F  O  S  A
D  D  Q  M  O  E  Q  K  O  I  M  P  X  M  M
O  T  O  I  B  A  R  L  C  A  G  P  Q  A  P
E  A  F  C  H  I  E  L  L  I  N  I  A  R  Z
```

Buffon	Cristiano	Cuadrado	De Ligt
Matuidi	Bonucci	Pereira	Chiellini
Dybala	De Sciglio	Ramsey	Szczesny
Rabiot	Khedira	Higuain	Pjanic

Inter Milan

```
D  R  Q  R  F  H  Y  S  U  W  M  Z  M  P  I
H  A  N  D  A  N  O  V  I  C  E  K  I  G  N
J  N  M  L  H  L  P  G  P  H  P  R  W  N  A
O  O  N  B  U  A  I  C  C  C  O  T  D  U  G
M  C  E  W  R  K  O  N  I  L  A  L  E  O  R
I  C  M  A  X  O  A  M  A  R  Q  N  V  Y  E
A  H  U  T  H  S  S  K  A  Z  O  M  R  P  V
J  I  N  I  D  O  G  I  U  S  A  R  I  N  S
H  A  Y  A  T  G  F  X  O  R  A  K  J  E  L
A  V  E  R  D  N  A  C  R  L  C  M  S  R  R
U  I  R  J  B  U  T  E  Z  S  L  O  Z  B  N
G  M  A  R  T  I  N  E  Z  F  M  P  B  S  U
Z  O  L  I  K  E  E  R  I  K  S  E  N  Q  K
Y  C  D  O  Z  Y  B  N  R  Z  D  Z  N  T  C
P  I  R  K  R  J  D  U  Q  S  S  G  U  R  U
```

Moses	Lukaku	Ranocchia	Roric
Eriksen	Pirola	Martinez	Candreva
De Vrij	D'ambrosio	Handanovic	Sanchez
Young	Vergani	Asamoah	Godin

Ac Milan

```
U  F  P  G  S  A  L  A  W  O  M  A  S  C  Z
Q  X  T  A  V  C  Q  P  I  A  M  A  I  A  E
S  Q  S  P  K  R  X  H  L  M  E  B  M  S  D
S  B  A  X  I  A  C  D  U  L  E  X  Ć  T  N
O  A  D  G  O  C  I  R  E  R  Z  Z  I  I  A
S  L  J  V  A  N  A  M  F  W  J  S  V  L  N
Q  S  O  S  I  N  A  X  E  L  B  W  O  L  R
A  R  U  T  N  E  V  A  N  O  B  R  M  E  E
B  M  T  O  K  G  J  Y  Z  H  X  Q  I  J  H
G  W  D  E  B  E  N  N  A  C  E  R  H  O  É
S  B  R  C  I  V  O  G  E  B  R  U  A  M  I
G  S  C  A  L  H  A  N  O  G  L  U  R  W  S
I  L  O  N  G  A  M  O  R  Y  D  L  B  D  S
W  C  K  V  I  Q  N  R  L  L  S  S  I  S  E
O  U  I  R  Q  B  J  H  C  E  T  G  Z  D  K
```

Maldini	Ibrahimović	Bonaventura	Romagnoli
Tsadjout	Musacchio	Donnarumma	Kessié
Hernandez	Castillejo	Bennacer	Rebić
Begovic	Saelemaekers	Calhanoglu	Sala

Arsenal

```
C  H  L  K  J  H  Z  T  J  O  Y  A  K  P  B
X  C  E  B  A  L  L  O  S  O  C  H  C  X  M
M  U  S  T  A  F  I  S  L  P  Z  P  O  X  I
R  Z  O  Z  O  K  Y  K  K  Ö  Z  I  L  I  X
C  N  L  F  I  A  A  S  A  J  Z  M  L  W  V
E  H  L  H  S  U  R  S  R  U  R  L  I  B  B
Z  A  A  L  Y  B  L  I  O  K  E  Y  W  N  H
W  A  B  M  B  A  U  D  E  N  K  W  I  S  Q
D  V  E  Q  B  M  R  N  I  R  E  L  L  E  B
L  A  C  A  Z  E  T  T  E  V  R  L  Z  G  N
R  S  S  F  U  Y  R  M  T  P  A  O  N  F  H
X  H  K  A  G  A  K  S  É  I  D  D  T  Y  I
M  G  K  Z  M  N  X  P  B  W  D  U  O  L  N
Q  H  L  W  T  G  É  W  K  O  M  I  X  J  D
J  G  M  S  E  G  U  E  N  D  O  U  Z  I  X
```

Ceballos	Mustafi	Bellerin	Pépé
David Luiz	Chambers	Aubameyang	Özil
Leno	Lacazette	Martinelli	Xhaka
Torreira	Willock	Guendouzi	Saka

Manchester City

H	A	R	E	N	A	V	Z	A	S	H	G	R	R	D
E	P	X	E	G	U	J	Q	L	A	P	O	R	T	E
B	V	S	Ü	N	D	Q	W	M	N	U	W	P	I	B
C	W	E	U	I	Y	G	S	J	V	V	R	R	F	S
Y	R	K	W	L	Q	U	S	N	O	N	U	Y	S	K
O	I	F	X	R	S	I	R	D	O	A	J	X	T	G
S	F	Y	A	E	A	T	R	B	L	G	D	X	O	H
I	Q	U	J	T	G	S	W	Y	E	O	I	E	N	B
L	K	B	Y	S	U	C	W	D	C	D	Z	M	E	G
V	I	P	P	F	V	M	E	N	N	N	G	Z	S	P
A	N	B	O	E	A	R	B	E	A	Ü	C	Z	L	D
P	T	D	X	H	S	W	M	M	C	G	K	L	M	F
I	E	R	R	O	A	A	L	D	E	C	Y	K	H	L
N	S	E	N	A	T	S	J	G	B	R	A	V	O	B
O	Z	W	X	O	H	N	I	D	N	A	N	R	E	F

Agüero	Gündogan	De Bruyne	Foden
Ederson	Sterling	Otamendi	Bravo
Silva	Mendy	Fernandinho	Stones
Jesus	Laporte	Cancelo	Mahrez

Manchester United

```
L  A  A  L  L  D  R  A  G  N  I  L  O  Z  V
S  S  P  O  G  B  A  R  W  M  G  U  R  Z  A
X  V  L  J  A  M  E  S  E  R  P  Y  O  T  I
X  P  R  I  H  E  B  P  N  M  U  T  A  G  F
C  C  L  S  N  F  X  N  H  D  C  M  H  E  S
X  L  R  W  Z  D  D  C  M  F  R  A  S  R  B
Y  J  O  Y  I  J  E  L  K  G  L  G  X  F  F
S  O  M  I  S  R  Z  L  Q  O  R  P  L  Q  U
D  N  E  Q  U  D  E  W  Ö  R  Z  I  T  K  E
P  E  R  E  I  R  A  P  E  F  O  M  D  K  V
I  S  O  C  W  G  F  O  J  D  M  E  B  D  S
C  P  R  A  S  H  F  O  R  D  R  N  N  T  H
A  M  A  G  U  I  R  E  B  F  S  T  Z  V  A
R  O  D  E  G  E  A  N  R  R  A  W  X  J  W
A  L  E  S  C  I  A  T  N  W  M  Q  D  F  E
```

James	Rashford	Jones	Pereira
Ighalo	Romero	Greenwood	Fred
Mata	Pogba	Bailly	De Gea
Lindelöf	Maguire	Lingard	Shaw

Bayern Munich

I F U X I K Z F C M X G Y X F
Q K K Z X Y M A Ü I B K A T S
R I S V W T O L I S S O Z B T
D M J W N R L C O U T I N H O
U M G M O E D A J A K U R E L
N I Z D R D W N P V N C E E R
J C M O R I N T L R I O U Q P
Q H V Y B A M A R T I N E Z V
E F K Q O Z V R W O W G N T X
L N D Z W B O A T E N G S T D
W A S A F X W D P A L A B A H
S B K E H L L S B B M Y M Q Y
X A S L P C A R R F J D W O P
R L O L X M Y H E V K U E N C
O A A G Y K F O T C A O K K U

Gnabry	Coman	Coutinho	Dajaku
Lewandowski	Neuer	Alcantara	Boateng
Martinez	Tolisso	Perisic	Alaba
Müller	Pavard	Kimmich	Kehl

Borussia Dortmund

```
O  M  R  F  G  N  B  D  M  C  Y  Z  V  J  A
A  R  C  Ö  I  E  N  A  L  A  R  S  B  T  K
I  U  T  D  N  A  R  B  D  F  C  S  X  H  A
G  Z  F  R  L  P  E  A  B  Q  P  U  T  D  N
E  R  S  A  I  O  R  Ü  Z  A  Q  L  Q  K  J
W  I  A  Z  Z  Z  R  I  T  C  K  R  L  W  I
K  H  N  A  G  K  P  I  S  X  E  I  O  K  D
C  W  C  H  I  U  C  L  L  Z  C  F  R  E  B
B  G  H  U  M  M  E  L  S  N  U  E  T  Q  A
Q  P  O  J  L  S  I  R  R  P  Y  J  X  H  W
G  F  R  H  Z  P  Q  K  R  N  K  I  A  I  N
F  S  U  E  R  H  F  R  A  E  P  T  N  T  T
K  L  W  S  J  X  B  C  U  H  I  Q  C  Z  J
A  S  W  I  T  S  E  L  W  U  L  R  N  V  F
L  C  T  X  F  M  Q  E  W  E  V  H  O  T  Z
```

Sancho	Hummels	Bakir	Reus
Haaland	Brandt	Akanji	Reyna
Witsel	Guerreiro	Bürki	Hitz
Hazard	Hakimi	Götze	Can

RB Leipzig

```
Y  A  A  P  R  E  Z  P  X  W  X  U  I  G  R
O  V  L  U  O  W  E  X  O  H  F  B  R  C  P
N  K  U  N  K  U  U  Z  N  M  H  E  M  T  S
C  M  U  K  I  E  L  E  I  S  B  N  J  E  N
H  S  O  F  L  H  J  S  L  N  I  T  C  F  K
O  G  I  M  O  N  A  C  E  M  A  P  U  X  M
W  O  D  U  O  R  J  T  G  N  S  A  B  K  S
Q  L  V  Y  K  R  S  S  N  L  N  D  R  J  H
X  O  M  H  M  L  F  B  A  N  T  E  K  J  O
B  G  U  L  A  C  S  I  E  B  N  C  T  R  V
A  O  L  H  N  K  M  N  G  R  I  W  E  Ü  N
N  V  O  Z  R  E  N  J  E  H  G  T  D  C  P
R  M  G  Q  R  Z  J  W  C  C  P  W  Z  K  R
U  E  M  D  P  K  E  S  C  R  P  Q  X  E  X
U  L  A  I  M  E  R  E  C  R  W  S  E  R  R
```

Werner	Forsberg	Angelino	Mvogo
Poulsen	Upamecano	Nkunku	Laimer
Sabitzer	Schick	Halstenberg	Lookman
Gulacsi	Mukiele	Rücker	Bias

Ajax Amsterdam

```
H  I  K  H  H  J  D  A  A  N  N  G  L  K  B
T  C  J  E  A  C  S  Q  X  T  H  Q  C  A  N
T  N  R  D  E  D  T  H  L  F  R  U  B  E  W
L  P  C  E  O  B  S  Z  R  J  A  E  S  R  O
S  H  X  Y  B  C  E  M  O  Y  L  N  Q  E  B
O  P  B  L  I  N  D  D  F  U  E  L  C  O  G
O  N  H  D  I  I  E  X  N  J  R  D  P  E  M
I  L  A  T  P  J  M  V  X  A  A  N  M  R  S
C  T  R  A  O  R  É  T  A  E  V  S  P  V  M
Y  A  Z  N  A  M  T  L  E  R  D  L  X  E  T
M  Z  G  Z  I  Y  E  C  H  I  G  N  W  L  Z
K  Y  G  N  I  T  I  E  K  U  N  E  I  T  G
B  O  J  L  N  H  Ü  K  B  F  S  M  Q  M  O
C  Q  G  U  R  Z  R  N  C  A  W  H  C  A  Z
T  E  H  A  S  Q  Q  Q  D  E  S  T  B  N  K
```

Eiting	Van De Beek	De Jong	Babel
Traoré	Huntelaar	Veltman	Jensen
Kühn	Blind	Gravenberch	Tadic
Martinez	Varela	Ziyech	Dest

PSV Eindhoven

```
J  H  Z  Q  B  J  W  L  U  F  H  F  O  S  Y
H  U  T  E  G  V  A  W  O  P  I  I  R  A  U
U  N  N  E  R  S  T  A  L  L  H  T  E  L  P
Q  D  M  Z  Z  R  F  X  G  H  G  H  R  U  K
X  D  S  G  R  E  E  R  O  S  A  R  I  O  D
A  I  V  L  L  M  K  I  R  T  K  K  U  S  I
L  K  R  L  Q  M  B  B  T  C  P  C  R  Y  G
J  W  A  D  A  A  N  A  I  U  O  G  Z  S  P
T  Y  I  H  N  L  R  A  M  H  G  V  C  J  J
A  K  A  W  K  E  V  W  D  U  K  F  P  M  P
N  C  X  T  N  N  H  H  N  S  R  J  U  A  T
P  E  N  U  N  O  C  C  D  U  I  B  K  L  N
D  O  A  N  O  S  X  S  A  Q  B  K  F  E  U
M  S  W  X  R  U  I  T  E  R  O  I  L  N  G
A  H  O  N  L  S  N  E  D  U  X  I  Y  A  W
```

Soulas	Hendrix	Hattaren	Ruiter
Rosario	Gapko	Lammers	Malen
Schawaab	Bruma	Afellay	Doan
Unnerstall	Gutierrez	Mitroglou	Teze

Porto

```
K I N M O P E T N A M U P S M
O L I M E I E A B N F W O C M
G F S P K V V O M R W A M U G
C E E F N L U A G E R A M S W
R R H Y I B F U T E L L E S B
I R C S A A F I S C L V K M W
I E R K N I E W M E O W A T B
G I A A E L D I B Z B I P Z Z
J R M E P K B N M A Z V X U F
M A J L R E K F J K A T V R T
H I I I O T E L L E S Z B I X
Y M M L S Y W E H E U D A B P
P D I A Z W V D N S T J R E F
N P Q E E D O Q Z I K C O C M
G T O L I V E I R A D Z K B Z
```

Soares	Uribe	Ferreira	Pepe
Silva	Telles	Manafa	Baro
Octavio	Marega	Aboubakr	Leite
Marchesin	Oliveira	Ndiaye	Diaz

Benfica

```
S  L  M  T  S  T  N  I  C  P  C  H  S  I  T
S  K  S  P  U  J  O  K  I  W  C  G  F  C  N
U  E  I  C  I  V  O  R  E  F  E  S  R  Q  Z
G  S  R  D  C  Z  E  L  A  Z  N  O  G  C  J
E  A  A  C  I  S  Z  G  X  I  J  M  Q  I  Z
T  J  M  D  N  I  R  I  T  N  I  I  Y  B  H
A  A  A  A  I  D  X  E  S  P  T  D  C  T  O
Z  V  S  Y  V  E  Y  W  V  S  A  O  L  E  G
J  T  C  Z  U  M  M  R  I  J  V  H  V  B  C
O  C  H  L  V  N  I  L  L  A  A  C  M  O  J
T  Y  Y  F  K  R  V  T  A  A  R  A  B  T  I
A  V  C  N  A  A  J  A  R  D  E  L  U  M  Q
V  Z  D  I  A  S  W  E  M  O  S  V  H  L  L
S  C  T  V  F  A  X  T  D  F  N  O  E  Z  T
L  I  Q  V  K  X  O  P  V  S  I  L  V  A  Z
```

Vinicuis	Taarabt	Pizzi	Seferovic
Silva	Gonzalez	Tavares	Samaris
Jardel	Pires	Weigl	Jota
Almeida	Svilar	Vlachodimos	Dias

Solutions

Football

Compétitions

Stades

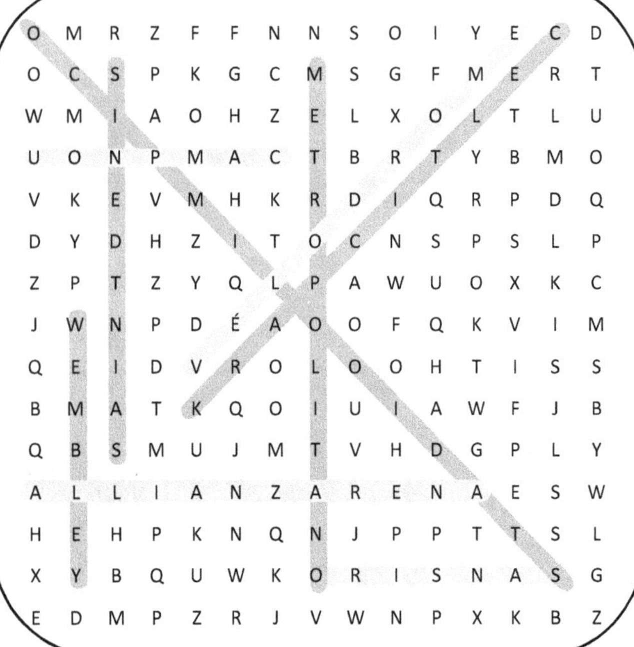

Entraîneurs

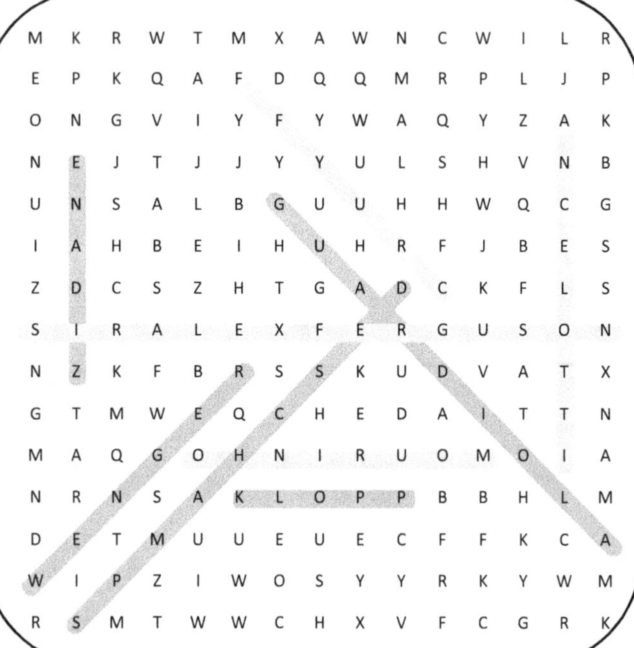

Coupe du monde 2018

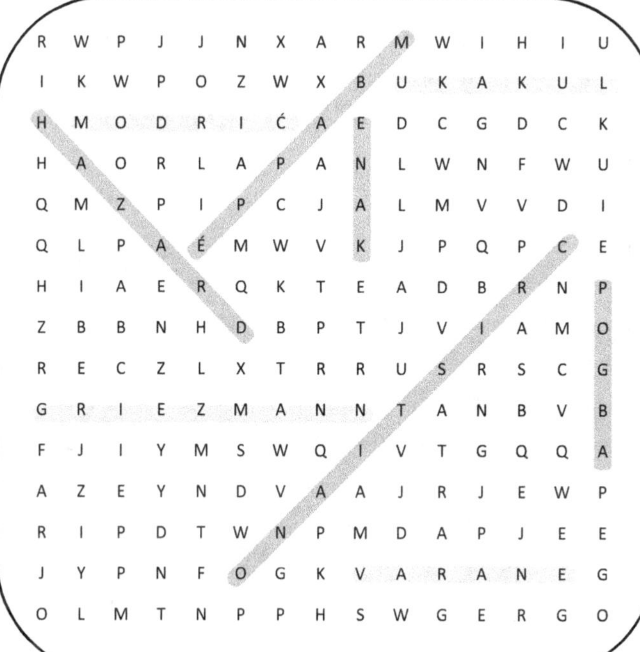

EURO 2012

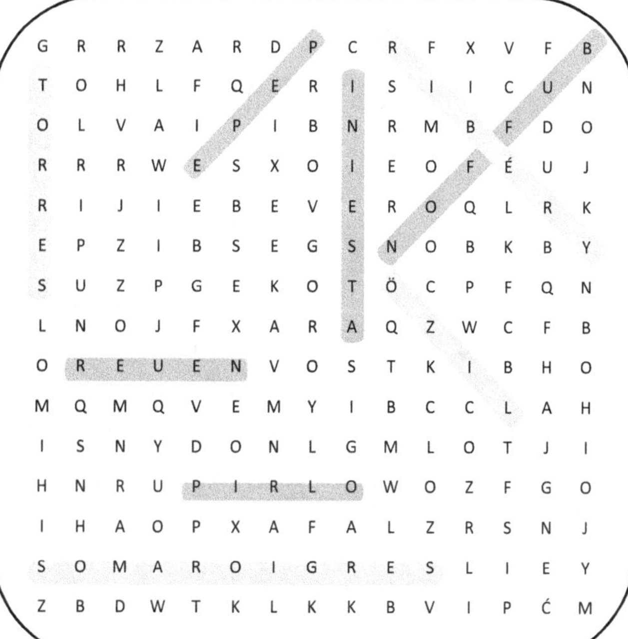

Coupe du monde 2014

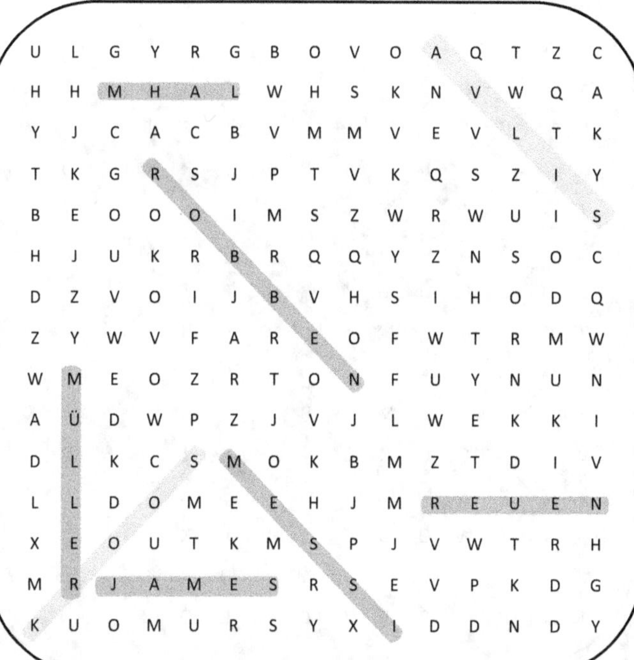

EURO 2016

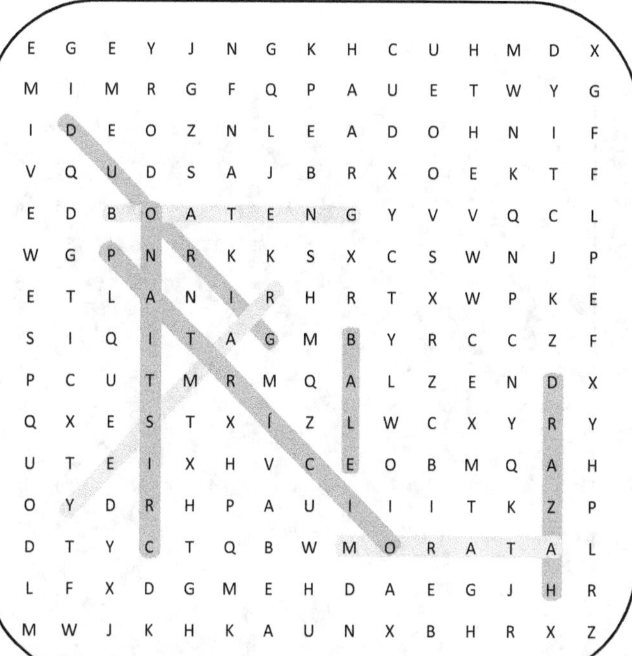

Coupe d'Asie 2015

Coupe d'frique 2017

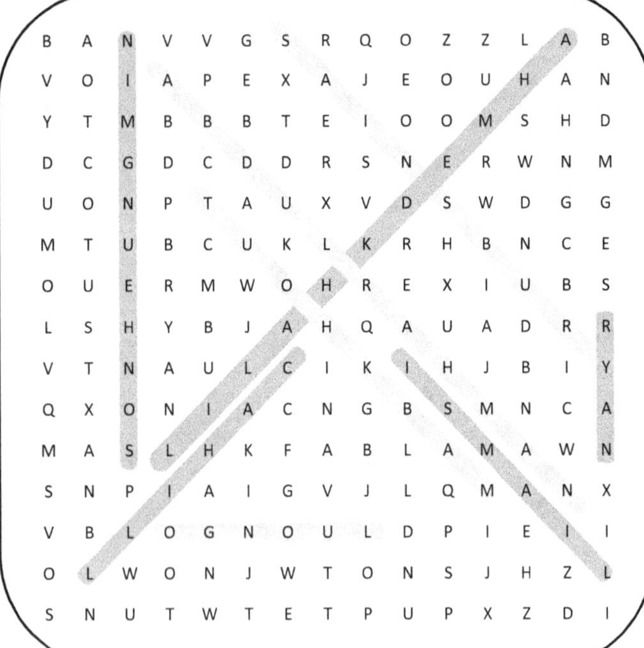

Coupe d'Asie 2019

Coupe d'Afrique 2019

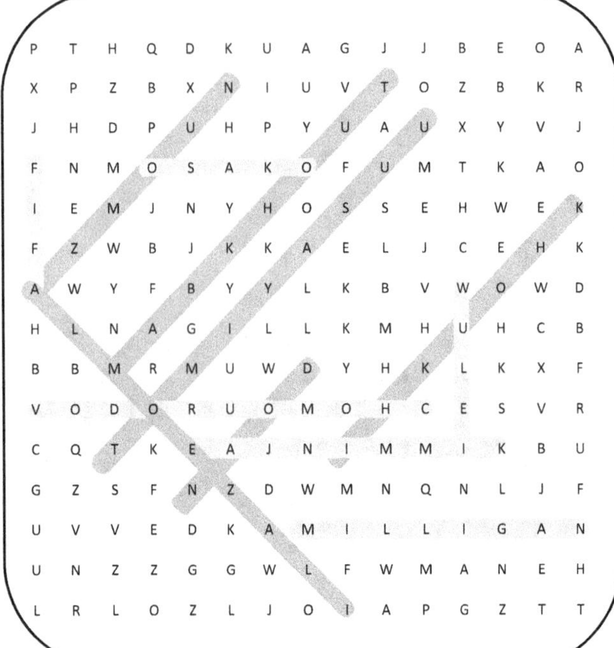

Copa America 2015

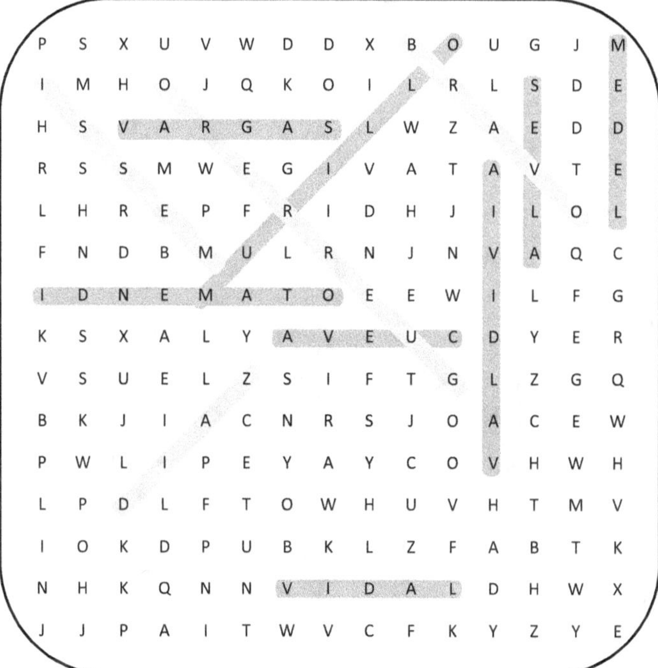

Coupe des confédérations 2013

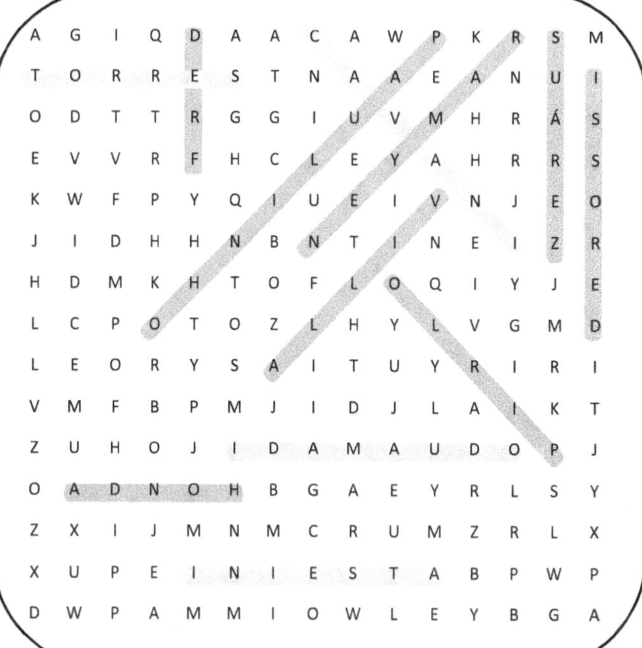

Copa America 2019

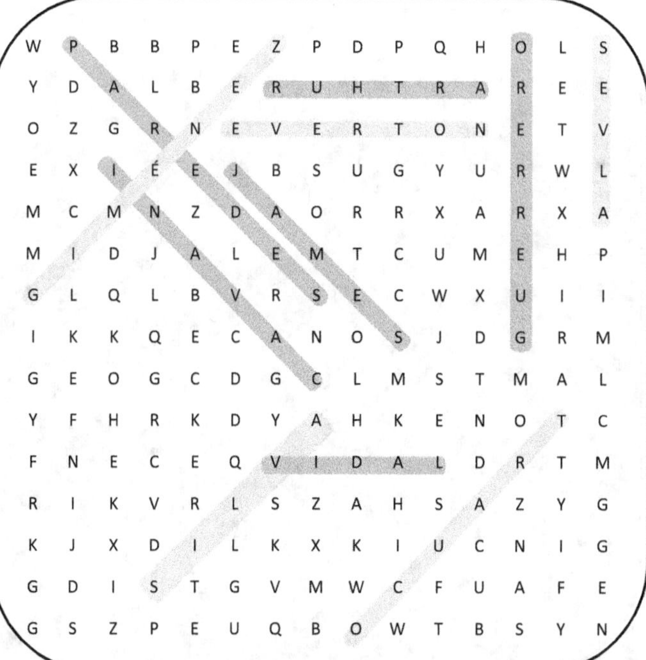

Coupe des confédérations 2017

Ligue 1

```
E Q L Z J I Q T F S Y O V S M
O L I Z E N L R F M R B I G O
Q X L P D A N O C C U L P S N
L O B I I U F O E W G V X S A
L X T K E C P S F U W T I I C
C Q W D G S U O L Z I R P R O
F S C M R O R Y E C I N E A J
W L X Q L E O A C B N S L P H
Y I D U V N N Y M S U P M T D
T A O K I O N N Q F W E Z B P
C T D J R I F C E Z A K X U H
B O R D E A U X A S B F J U Z
F J B T O V R E N N E S M H U
M Z K E P J L U V M T E D R B
Q P R E I L L E P T N O M S Y
```

Ligue 2

```
Y O N U O L E J M F I P X T K
C R A M C E B Y F A L O B J T
N Q B B X H A C A J A C C I O
A S N X B A Q Y C U A E E D C
N W P P W V G S X R M D D M C
I M X Q N R V E Q Q I E J M X
J J Y I D E R X U A H C O S H
T L P L A R Q W C D N R K H Z
S R O M E B X C A E N N L X L
Z N A R S L H J J Z A E E I Y
V Z A N I R Y C S Z Q H P M A
V D E M J E Y L O Y G X G R V
V L R Z E F N Z N U E J V P S
H U T F U L L T B C E R J E B
V T Y L Z Q N B Y K K C H F T
```

Liga

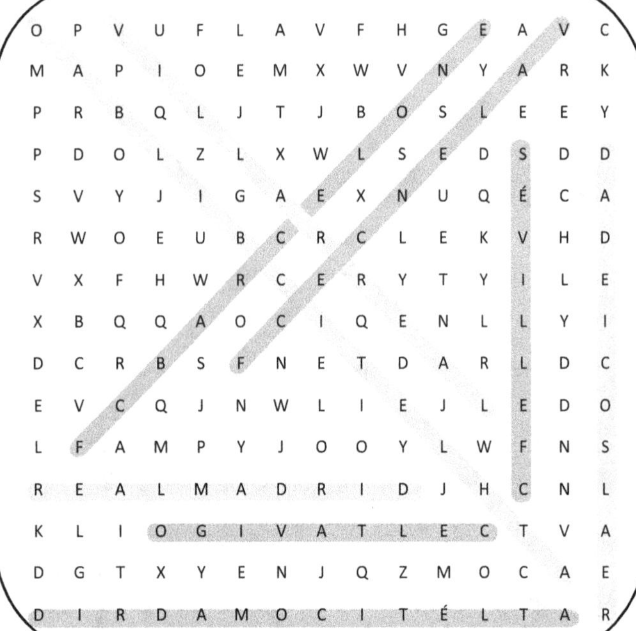

```
O P V U F L A V F H G E A V C
M A P I O E M X W V N Y A R K
P R B Q L J T J B O S L E E Y
P D O L Z L X W L S E D S D D
S V Y J I G A E X N U Q É C A
R W O E U B C R C L E K V H D
V X F H W R C E R Y T Y I L E
X B Q Q A O C I Q E N L L Y I
D C R B S F N E T D A R L D C
E V C Q J N W L I E J L E D O
L F A M P Y J O O Y L W F N S
R E A L M A D R I D J H C N L
K L I O G I V A T L E C T V A
D G T X Y E N J Q Z M O C A E
D I R D A M O C I T É L T A R
```

Serie A

```
K I O K W E A J Y N A Z C T H
F F N I R U T S U T N E V U J
F W Z M T H A Q A Z I M P N L
N E J O B A L Y Y W T P F R D
J A M M S N A A E A N N M B A
G D L R A S N R Z G E P F U C
E D O I A Z T M F I R D X J M
D M W L M P A V R T O Q A F I
E D S D W R B G K D I R T I L
I J L C K W E W P D F M O C A
Y I P V P U R T X A Y X N M N
R V J E U N G N N A R D Q G E
S E L P A N A J S I P M N I T
F B R D X N M O T N T F E Z L
Y X T H F Q E B G W K Z A J Z
```

Premier League

Bundesliga

Eredivisie

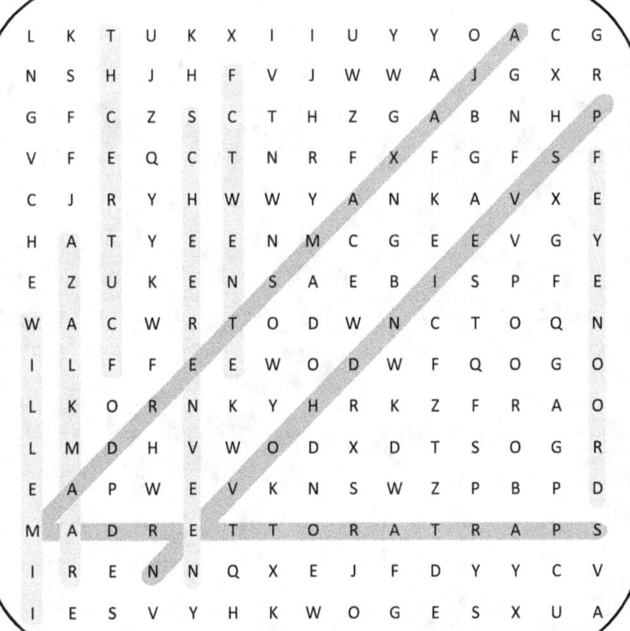

Liga Nos

Meilleurs joueurs 2016

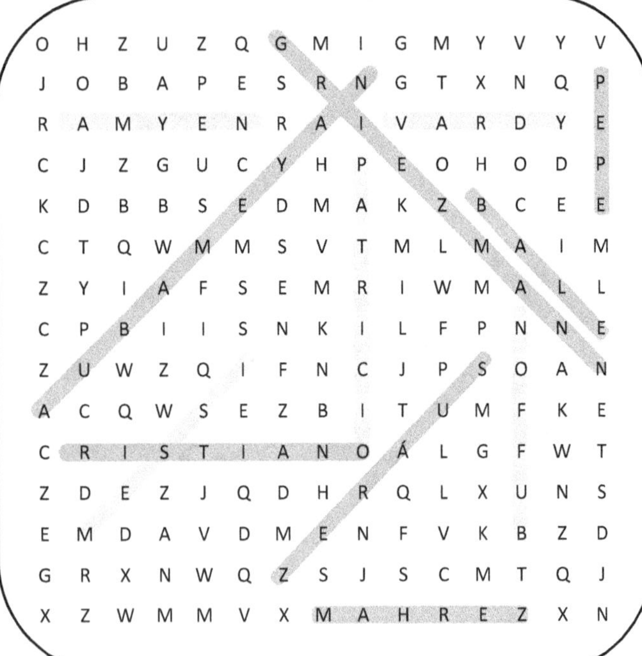

Meilleurs joueurs 2018

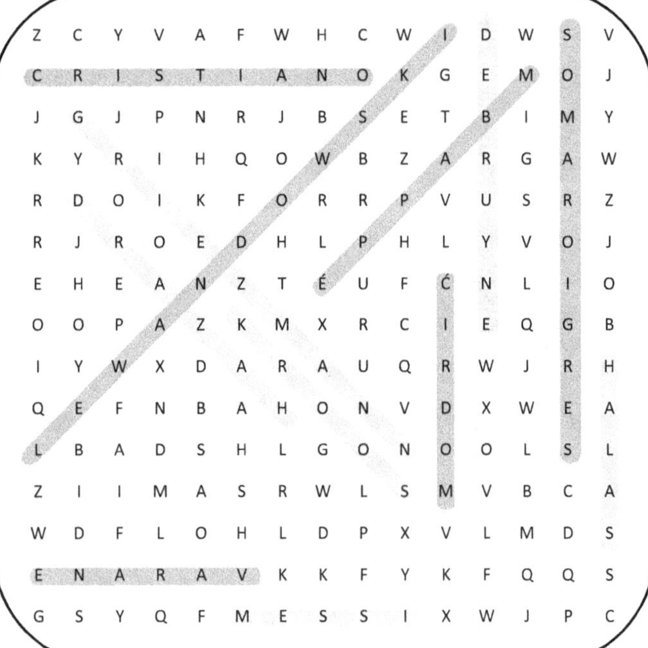

Meilleurs joueurs 2017

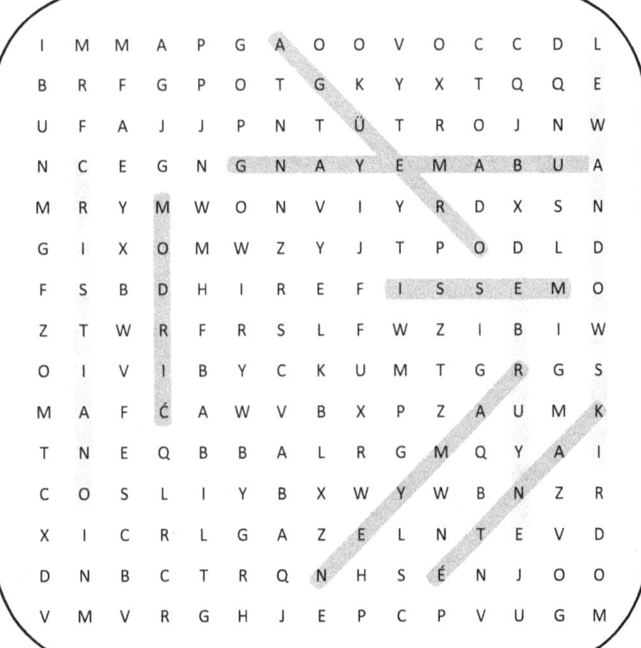

Meilleurs joueurs 2019

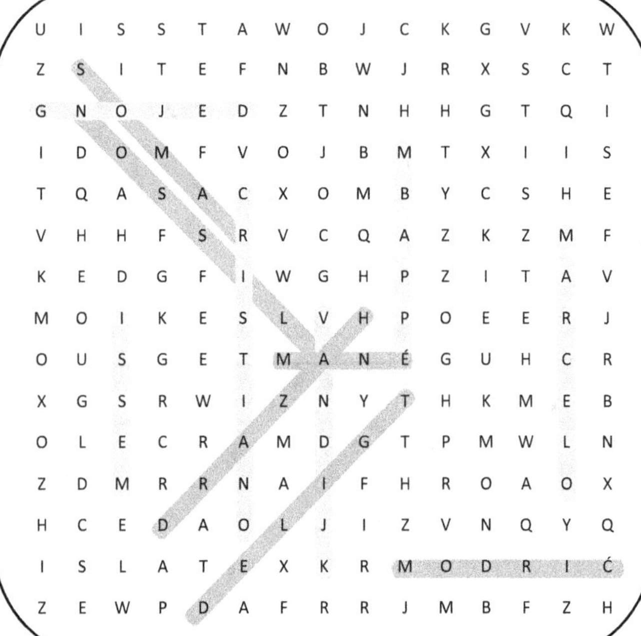

Butteurs Premier League 2018/2019

Butteurs Ligue 1 2018/2019

Butteurs Liga 2018/2019

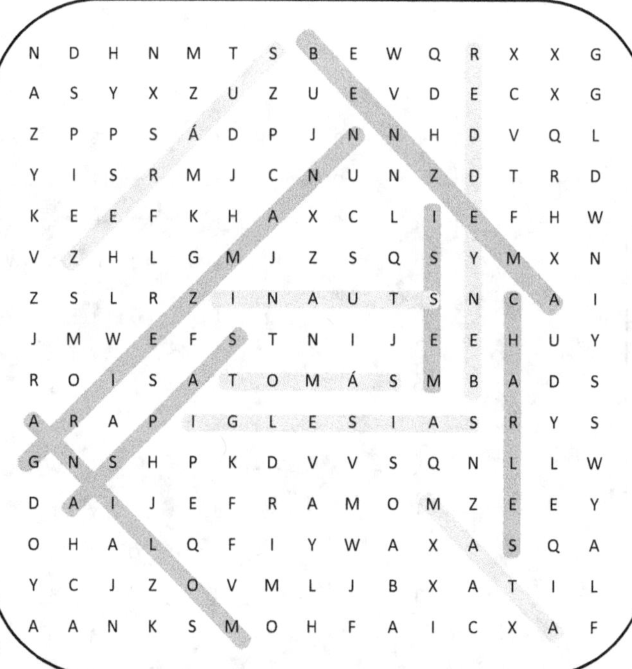

Butteurs Serie A 2018/2019

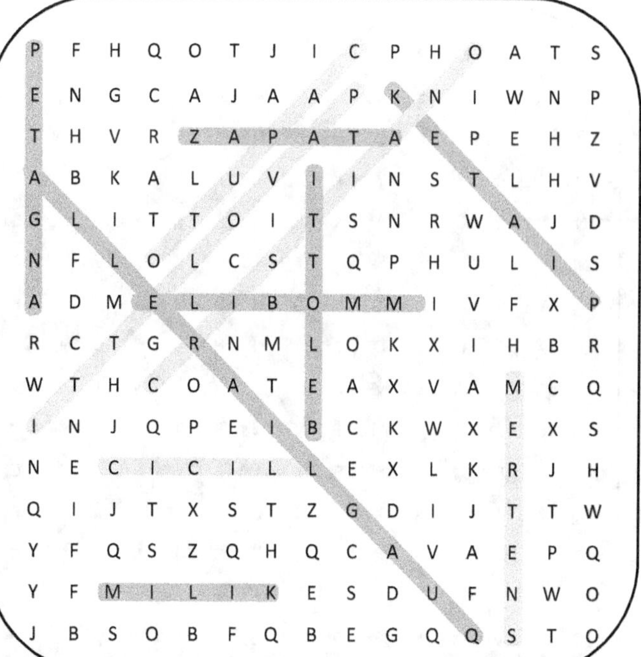

Buteurs Bundesliga 2018/2019

```
R S W M O G E D C H F L T G C
N T S T F R J H A L L E R I B
S K U F C M X V W P F W R P P
H R E T I R E C Á C L A B D C
E A W C K R E U S M M N N I P
Y M E O T H P N P A I D V O H
W A Y Z L P O I R T W O X T N
T R W U D M U O J E J W T E Q
G I H F Z F L D S T W S P D E
Q C B O B F S V Z A R K C T N
C F B D B B E L F O D I L B O
N L P D K B N E H G W T F G Z
K U H Q G W E G U R L O T R Z
L W H J U L E S T R V Z A E V
R A C J E W O R I U K F T O K
```

PSG

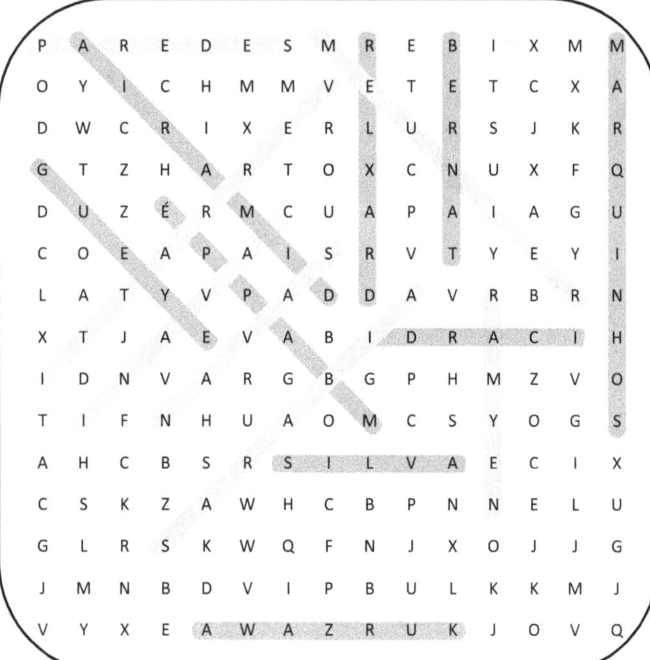

```
P A R E D E S M R E B I X M M
O Y I C H M M V E T E T C X A
D W C R I X E R L U R S R K R
G T Z H A R T O X C N U X F Q
D U Z É R M C U A P A I A G U
C O E A P A I S R V T Y E Y I
L A T Y V P A D D A V R B R N
X T J A E V A B I D R A C I H
I D N V A R G B G P H M Z V O
T I F N H U A O M C S Y O G S
A H C B S R S I L V A E C I X
C S K Z A W H C B P N N E L U
G L R S K W Q F N J X O J J G
J M N B D V I P B U L K K M J
V Y X E A W A Z R U K J O V Q
```

Monaco

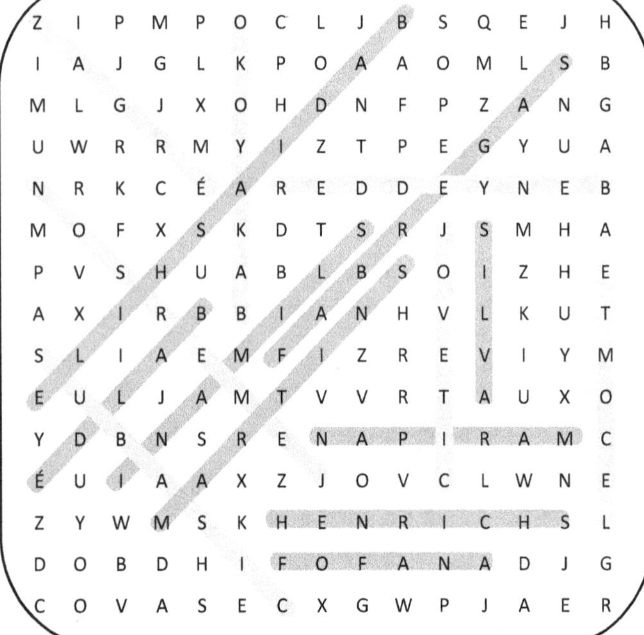

```
Z I P M P O C L J B S Q E J H
I A J G L K P O A A O M L S B
M L G J X O H D N F P Z A N G
U W R R M Y I Z T P E G Y U A
N R K C É A R E D D E Y N E B
M O F X S K D T S R J S M H A
P V S H U A B L B S O I Z H T
A X I R B B I A N H V L K U T
S L I A E M F I Z R E V I Y M
E U L J A M T V V R T A U X O
Y D B N S R E N A P I R A M C
É U I A A X Z J O V C L W N E
Z Y W M S K H E N R I C H S L
D O B D H I F O F A N A D J G
C O V A S E C X G W P J A E R
```

Olympique de Marseille

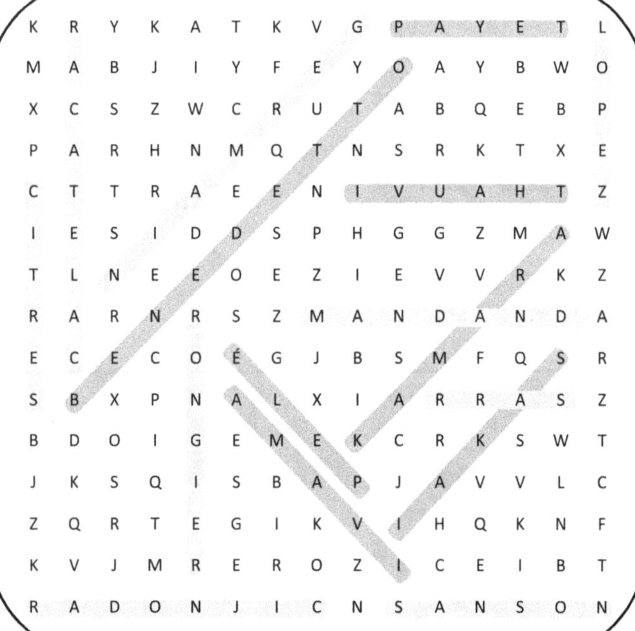

```
K R Y K A T K V G P A Y E T L
M A B J I Y F E Y O A W B W O
X C S Z W C R U T A B Q E B P
P A R H N M Q T N S R K T X E
C T T R A E N I V U A H T Z
I E S I D D S P H G G Z M A W
T L N E E O E Z I E V V R K Z
R A R N R S Z M A N D A N D A
E C E C O É G J B S M F Q S R
S B X P N A L X I A R R A S Z
B D O I G E M E K C R K S W T
J K S Q I S B A P J A V L C
Z Q R T E G I K V I H Q K N F
K V J M R E R O Z I C E I B T
R A D O N J I C N S A N S O N
```

Real Madrid

FC Barcelone

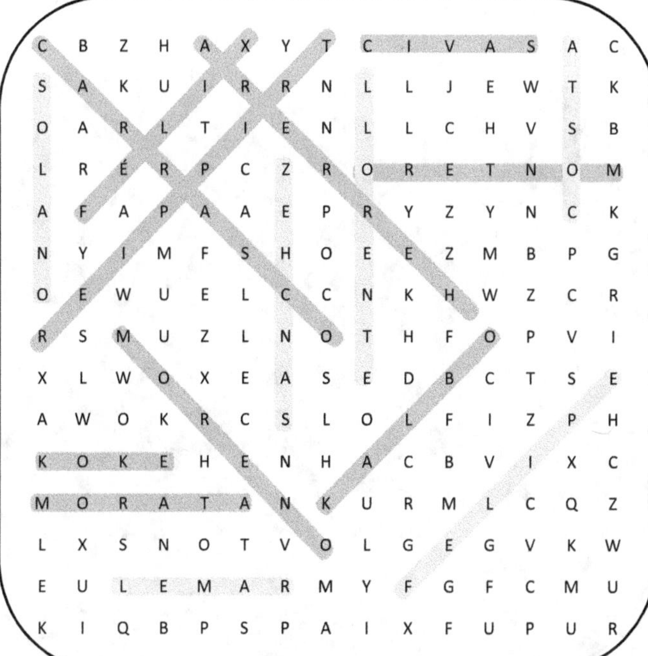

Atlético de Madrid

Juventus turin

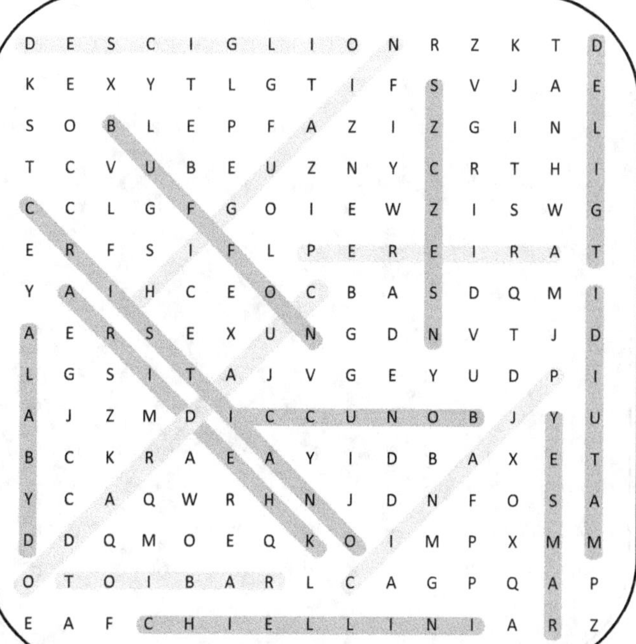

Inter Milan

```
D R Q R F H Y S U W M Z M P I
H A N D A N O V I C E K I G N
J N M L H L P G P H P R W N A
O O N B U A I C C C O T D U G
M C E W R K O N I L A L E O R
I C M A X O A M A R Q N V Y E
A H U T H S S K A Z O M R P V
J I N I D O G I U S A R I N S
H A Y A T G F X O R A K J E L
A V E R D N A C R L C M S R R
U I R J B U T E Z S L O Z B N
G M A R T I N E Z F M P B S U
Z O L I K E E R I K S E N Q K
Y C D O Z Y B N R Z D Z N T C
P I R K R J D U Q S S G U R U
```

AC Milan

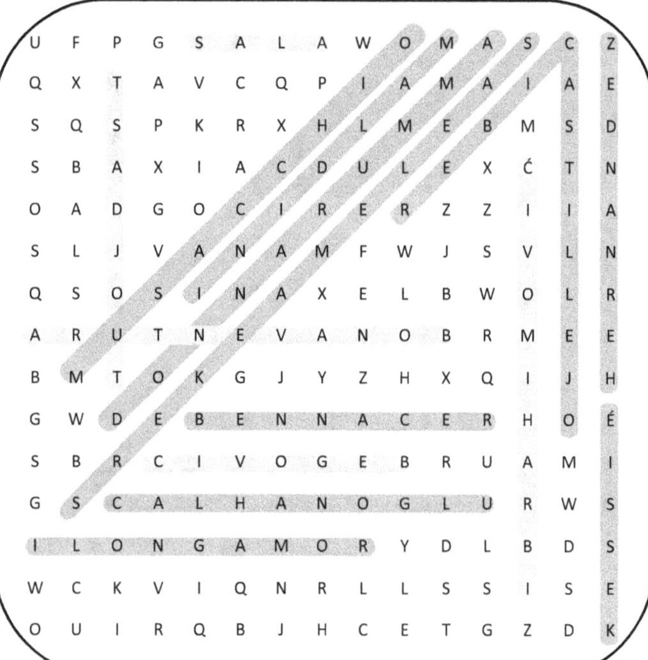

```
U F P G S A L A W O M A S C Z
Q X T A V C Q P I A M A I A E
S Q S P K R X H L M E B M S D
S B A X I A C D U L E X Ć T N
O A D G O C I R E R Z Z I I A
S L J V A N A M F W J S V L N
Q S O S I N A X E L B W O L R
A R U T N E V A N O B R M E E
B M T O K G J Y Z H X Q I J H
G W D E B E N N A C E R H O É
S B R C I V O G E B R U A M I
G S C A L H A N O G L U R W S
I L O N G A M O R Y D L B D S
W C K V I Q N R L L S S I S E
O U I R Q B J H C E T G Z D K
```

Arsenal

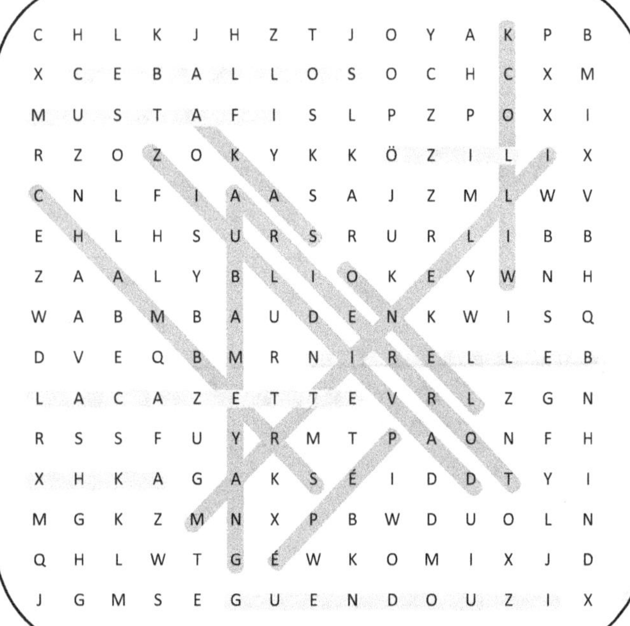

```
C H L K J H Z T J O Y A K P B
X C E B A L L O S O C H C X M
M U S T A F I S L P Z P O X I
R Z O Z O K Y K K Ö Z I L I X
C N L F I A A S A J Z M L W V
E H L H S U R S R U R L I B B
Z A A L Y B L I O K E Y W N H
W A B M B A U D E N K W I S Q
D V E Q B M R N I R E L L E B
L A C A Z E T T E V R L Z G N
R S S F U Y R M T P A O N F H
X H K A G A K É I D D T Y I
M G K Z M N X P B W D U O L N
Q H L W T G É W K O M I X J D
J G M S E G U E N D O U Z I X
```

Manchester City

```
H A R E N A V Z A S H G R R D
E P X E G U J J Q L A P O R T E
B V S Ü N D Q W M N U W P I B
C W E U I Y G S J V R V R R F S
O I F X R S I R D O A J X T G
S F Y A E A T R B L G D X O H
I Q U J T G S W Y E O I E N B
L K B Y S U C W D C D Z M E G
V I P P F V M E N N G Z S P
A N B O E A R B E A Ü C Z L D
P T D X H S W M M C G L M L F
I E R R O A A L D E C Y K H L
N S E N A T S J G B R A V O B
O Z W X O H N I D N A N R E F
```

Manchester United

Bayern Munich

Borussia Dortmund

RB Leipzig

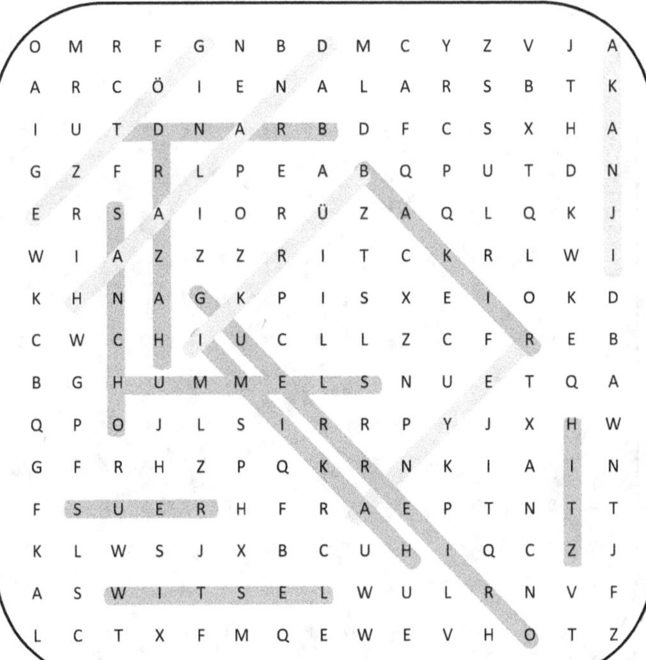

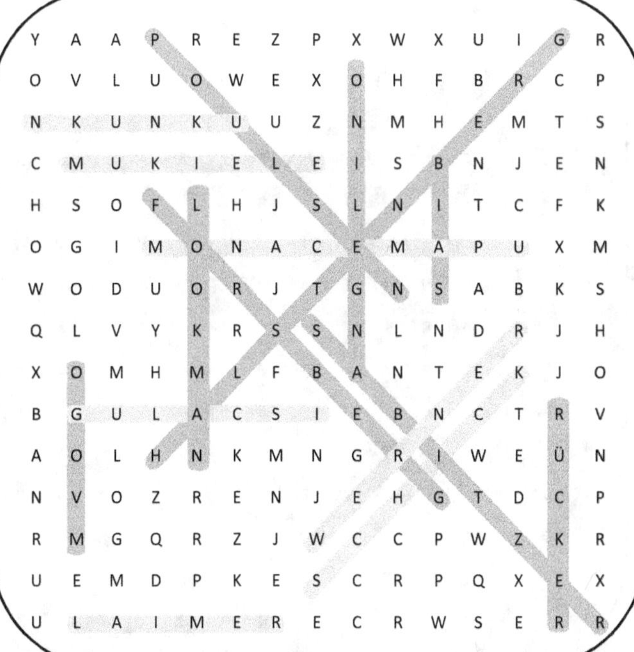

Ajax Amsterdam

PSV Eindhoven

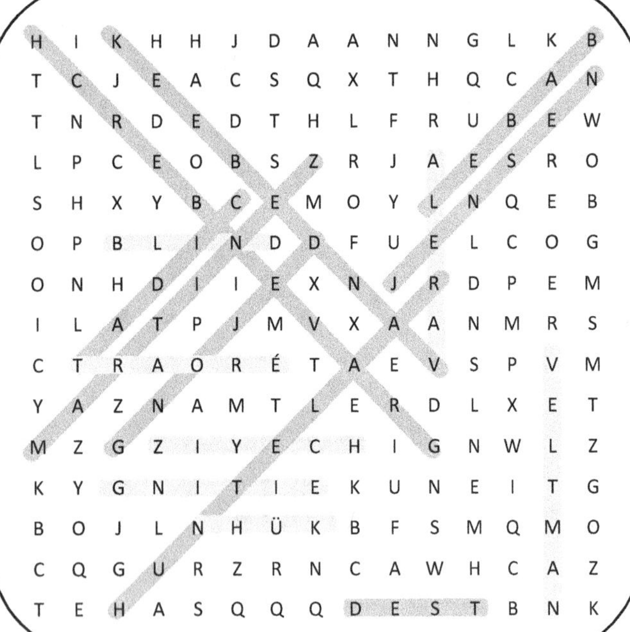

Porto

Benfica

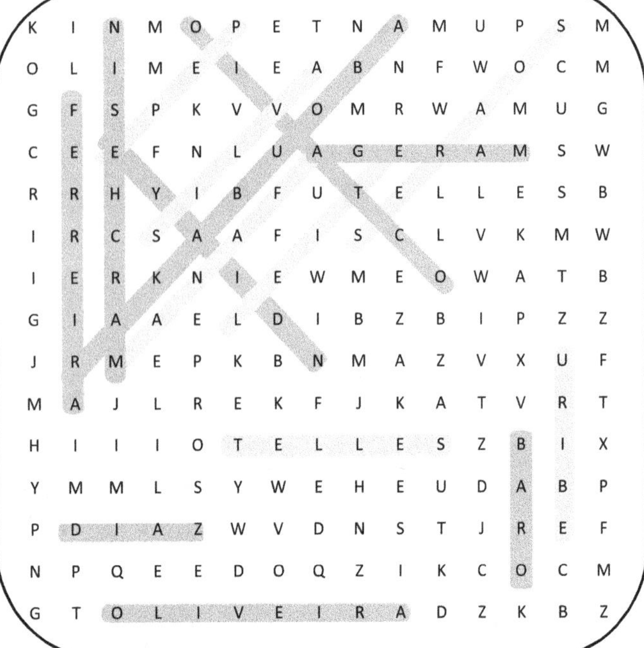